문재인 정권의 사학 죽이기

사학의 실종

대한민국에 진정한 사학은 없다. 사학법에 규정되었던 자주성이 사라졌으니 실질적으로 진정한 사학은 이 땅에 없는 것이다. 사학법에 명시된 등록금 책정권, 학생모집권, 교과편성권, 교사 채용권이 사라진 사학을 왜 사학이라 부르는가?

교육부의 획일화된 교육정책에 따라 성냥갑 같은 국가주도의 획일적 교육이 시행될 뿐 진정한 사학은 이제는 존재하지 않는다. 고유한 건학이념의 실현은 한낱 헛구호에 불과하다.

공사립 등록금 동결로 등록금 책정권이 실종되어 정부가 과거 제안한 재정지원금이 사학의 목을 죄고 있다. 평준화 정책으로 학생 선발권이 박탈되어 교육청에서 배정하는 학생으로 정원을 채우고 있다.

중학교 의무교육과 고등학교 무상교육이 학교법인과 상의도 없이 이루어졌다. 의무교육과 무상교육인데, 학교법인은 인건비 성격의 교직원 4대 보험 사용자 부담분을 법정 전입금이란 사후 악법으로 비영리 법인인 사학법인에 부담시키는가?

학교 현장을 정치판으로 변질시키게 될 고3 투표권도 정치권이 일방적으로 결정했다. 학제 개편을 통해 7살 입학 18세면 고교를 졸업하도록 해야 한다.

운영위원회가 자문기구에서 심의기구화되는 것도 일방통행이다. 이러할진대 무늬만의 사학을 왜 사학이라 하는가?

자율성과 자주성을 보장하고, 사학을 진흥시키려는 의

도가 전무한 정부가 강조하는 것은 오로지 공공성뿐이다.

자주성과 공공성은 건전한 사학 발전의 두 날개다. 한 쪽 날개로는 비상할 수 없다. 즉 발전을 기대하지 못한다.

사학의 자주성을 배제한 채 오로지 공공성만을 강요하는 병든 사학, 식물 사학을 국가가 인수해 공립으로 전환하라.

사학법 제1조는 허공의 메아리인가?

제1조(목적) 이 법은 사립학교의 특수성에 비추어 그 자주성을 확보하고 공공성을 높임으로써 사립학교의 건전한 발달을 도모함을 목적으로 한다.

[전문개정 2020. 12. 22]

CONTENTS

7

에필로그

부록 진보교육감들의 비리작태

[제 1 장]
사학의 사명감

사명감과 사학

2009년 7월 19일은 제2의 내 운명이 결정된 날이다. 자유분방한 삶이 목표였던 나로서는, 새장과 같은 학교란 틀에 갇히면서 나의 인간적인 자유는 유보되었다.

이사장직을 맡으며 손가락질 받는 사학에 대해 고민을 하게 되었고 또 다른 삶의 좌표가 설정되었다.

우리 학교의 역사에 대해 이해를 하기 시작하였고, 이 자리를 지키며 선대 설립자들의 건학이념을 실천해 나가야 한다는 사명감을 깨닫게 된 것이다.

사실 내게 주어진 사명감만으로는 버티기가 너무 벅차기만 하여 온전히 감당하기에 힘겹기도 했다.

그러나 1908년 법인 설립 후 110여 년을 지내오면서 이룩한 성과를 되새겨보면, 정말 뿌듯한 보람을 느낄 수도 있었다.

한편 가끔 발생하는 일부 비리로 인해 사학 전체가 매도당하고 있는 사학의 명예를 회복해야겠다는 의지가 불타올랐다.

사학의 설립으로 수많은 인재가 탄생하였고, 이들이 국가 재건의 중추가 되었음은 주지의 사실이다.

결론적으로 말하자면 교육의 수혜자는 개인이기도 하지만, 궁극적 수혜자는 국가임을 부인할 수 없다.

이러한 중차대한 역할을 해온 대다수 사학이 일부의 일탈로 연좌제로 몰려 지탄의 대상이 되는 것을 보고는 그냥

안주할 수는 없었다.

국가 교육에 이바지해 왔고, 계속해 나가면서 설립자의 건학정신을 이어 나가야 한다는 사명감에 상처를 입게 되었다. 지금 정치권과 교육부의 사학에 대한 규제와 간섭은 도를 넘어 사학 말살 정책에 혈안이 되고 있다. 국가 교육위원회의 신설이 대표적인 사례다.

옥상옥의 규제 감독기관으로 군림, 통제하려고 한다. 위원회의 구성에서 사학 대표는 한 명도 없다.

이 나라 초중고 교육의 절반이 사학일진대, 위원으로 참여가 없다는 일방적 주행은 이루 말할 수 없는 허탈감과 자존감의 상실을 불러왔다.

이제는 더 물러설 자리가 없다. 정당한 보상이 따르는 절차에 의한 사학의 해산을 준비해야 한다.

이미 경북은 90여 법인에 현재와 같은 규제와 간섭 속에 인구절벽까지 겹쳐 고전하느니, 정당한 절차에 의한 해산에 찬성하는 법인이 50%에 달하고 있다.

응답한 70개 법인 중 절반인 35개 법인이 정당한 보상에 의한 경영권 포기를 긍정적으로 받아들이겠다고 한다.

마지막 버팀목이었던 사명감의 실종으로 더 지켜나갈 명분을 잃어버렸다.

더 견디기 힘든 일은, 사학을 이 지경으로 만든 내부의 적인, 근절되지 않는 비리 사학과 이사장들의 무관심으로 인한 자괴감이다.

2021. 7. 9

사학의 자주성

사학은 늘 자주성을 강조하고 주장한다. 사립학교법
(私立學法)은 1963년 6월 26일, 사립학교의 특수성에 비추
어 그 자주성을 확보하고 공공성을 함양함으로써 사립학
교의 건전한 발달을 도모함을 목적으로 제정된 제1362호
법률로서 사립학교에 관한 사항에 관해 규정을 하고 있다.

당연한 이야기고, 국가가 이를 보장해야 한다. 그러나
자주성은 스스로 지켜야 보장된다. 사람의 인권도 스스로
지킬 때 무한 보장되는 것과 같다.

오랜 세월 동안 끊임없이 발생한 사립학교의 채용 비리가 이번 사립학교법 개정을 통해 인사권을 박탈당하는 헌정사상 초유의 불법적 사태를 불러왔다. 소중한 자주성이 무참히 훼손되는 것은 자유 민주주의 국가에서 있어서는 아니 될 폭거로 결코 동의할 수 없다.

현행법만으로도 충분히 견제하고 처벌할 수 있음에도 교사 선발권을 교육청에서 강탈하려는 의도도 불순하기 짝이 없다. 좌편향 교사를 선발하고 사학에 침투시켜, 사학을 장악하고, 이사장을 식물인간으로 만들겠다는 흉계다.

학교운영위원회 심의 기구화 역시 교장의 학사 운영에 제동을 걸겠다는 불순한 의도에서 시작되었다. 3년이면 졸업하는 학생과 학부모는 시한부 고객일 뿐, 이사장은 설립부터 영원히 학교와 함께하는 주인이다. 교장과 교사 역시 정년 때까지 평생을 같이하는 주인들이다.

인헌고 사태에서 보듯 이념 편향적 세뇌 교육으로 학생

들을 사회주의 혁명의 전위대로 양성할 목적이다. P 시의 S 고등학교는 21학급으로 운영되다가 전교조가 학교를 장악한 후 현재 9학급으로 줄었다. 학부모들이 외면하자 연차적으로 학급 감축이 이루어진 결과다.

사립 경북회 법인들은 법인 공동관리로 채용시험을 5년째 실시하여 모범적인 성공 사례를 거두고 있다. 이렇게 자주성과 인사권을 지켜야 한다. 잘하고 있는 사학들까지 연좌제로 묶는 것은 공산국가에서나 가능한 일이다.

이사장들은 무보수로 대를 이어 무료로 봉사하고 있다. 대다수 국민조차 사학을 알지도 못하면서 좌파들의 '~카더라'에 동조하고 있다.

국가인권위에서 사학비리를 접수한다며 길거리에 전광판까지 등장했다. 대한민국은 아직은 엄연한 자유민주주의 국가다. 더불어민주당은 폭거를 멈추고, 악법을 철회하라.

중학교는 의무교육이고, 고등학교는 무상교육이다. 이런 규제와 간섭 하에서는 차라리 운영권을 포기하겠다.

국가는 사후 입법한 법정 전입금을 폐지하고, 사학의 학교시설 사용료와 이사장의 품위 유지비를 지불하라. 아니면 정당한 보상으로 사학을 인수하라.

건학이념을 실현할 수 있는 국민계몽을 실현할 사단법인이라도 설립해 운영하겠다.

2021. 12. 17

날강도가 따로 없다

정치권은 언론중재법의 쓰나미에 묻혀 사학법 개정은 뒷전이 되고 있다.

진영 논리에 의한 국민 분열과 갈등을 증폭시킨 더불어민주당의 안중에 40% 지지자들 외에는 국민이 아니다.

이런 혼란의 시국에도 무보수의 사립학교 이사장들은 지금도 인재 양성에 묵묵히 매진하고 있다. 이보다 더 애국적인 일이 어디에 있겠는가? 비록 일부 사학들의 비리로 어물전 망신을 당하고 있지만, 부정과 비리는 어디 사하뿐인지 묻고 싶다.

3대 부자 없다고 했듯이 건강보험료조자 자부담하는 부 보수의 곤궁한 이사장들도 없지 않다. 이사장은 발바닥을 핥으며 겨울잠을 자는 곰이 아니다. 부끄럽지만 생계형 비 리도 있다. 지금이라도 최소한의 품위 유지비를 지급하고, 비리는 법대로 처리할 생각은 왜 못하는가?

낙하산 공기업 사장들에게는 수억대의 연봉과 특권을 주면서, 겨우 7~8백여 명의 이사장은 왜 무급인가?

북한에 못 퍼줘서 안달하면서, 교육 현장의 이사장들은 왜 세계 유일한 유노동 무임금인가?

부당한 사후(事後) 입법으로 법정부담금이란 멍에까지 덮어 씌워놓고, 학교 사용료는 왜 지불하지 않는가?

학교에서 학생의 인명사고가 발생하면 이사장이 민사 소송의 배상책임자가 되는 웃지 못할 이야기를 국민이 알

기나 하는건가?

중학교는 의무교육이고, 고등학교는 무상교육인데, 교직원들의 4대보험 사용자 부담분으로 사용되는 법정 전입금을 사학법인이 부담해야 하는가? 지난날 공사립 평준화를 강행하면서, 사학의 재정결손을 국가가 지원하겠다고 제안했다.

그럼에도 교사 인건비와 학교 운영비를 마치 이사장에게 지원하는 것처럼 생색내고, 국민에게 호도하고 있다. 이사장은 단돈 1원 한 푼도 학교 예산을 쓸 수 없다. 공립은 '학교 운영지원금'이라 하고, 사학에는 '재정결함 보조금'이라 한다. 학교에 지원되는 예산은 학생과 학부모, 교사와 교직원에게 지원하는 것이다. 사립학교 학부모들도 공립학교 학부모와 똑같은 국민이고 납세자이며, 교사와 교직원 역시 공교육을 담당하기 때문이다. 4대보험 사용지 부담분인 법정 전입금은 인건비를 지원하는 국가가 부담하는 것이 당연한 일이다.

생각할수록 분하고, 억울하고 원통하다. 해방 후 천막

조차 치기가 힘들었던 이 나라를 위해 전 재산을 기부하여
학교를 개교해 경제 대국의 역군을 양성한 대가가 겨우 사
학 강탈이란 말인가.

이러한 처사는 기껏 부려 먹은 조강지처를 내팽개치는
것과 다를 바 없다. 조강지처 버리고 잘되는 작자가 없다.

나라는 종북 좌파가, 기업은 강성 민노총이, 사립학교
는 전교조가 접수한 이 나라는 자유 민주주의가 실종된지
오래이다.

2021. 8. 25

사학비리 신고

국민권익위와 교육부가 2019년 6월 10일부터 8월 9일까지 두 달간 사학비리 신고센터를 운영한다고 보도했다. 대로의 전광판에까지 등장하여 대대적인 대국민 홍보를 했다. 회계, 채용, 학사 운영, 예산 낭비 분야에 대한 신고를 예고했다.

"국민권익위는 신고자에게 보상금과 포상금을 지급하고 「부패방지권익위법」에 따라 신고내용과 신고자의 신상정보 등을 엄격하게 관리할 계획입니다."

"접수된 신고는 국민권익위와 교육부 조사관의 사실 확인 후 비위 정도를 고려해 감사원, 대검찰청, 경찰청에 감사 또는 수사를 의뢰할 계획입니다."

그 결과 3만여 건이 접수되었다고 했는데, 결과 발표가 없다. 국가인권위는 무소불위의 권력기관인가? 아니면 교육과 무슨 연관이 있는 기관인가? 인권위가 사학에 무슨 지원을 하였는지 묻고 싶다.

교육부의 감사는 눈 감고 아웅 하는 감사인가?

도대체 사학이 무슨 잘못을 했기에 전 국민에게 비리 집단인 양 호도하는가?

도대체 사학이 무슨 잘못을 했기에 TV 화면에도 신고 기관 전화번호가 뜨고, 대로의 전광판에까지 등장하는가? 어물전의 골뚜기는 어디에도 있다.

진보 교육감들과 비서들이 저지른 교육청의 비리는 어

디에서 신고 받는가?

3만 건이 넘게 접수되었다면, 왜 여태 공개하지 않는가? 당장 공개하라!

온갖 권력형 비리를 감추기에 급급한 정권이 존재하지도 않는 사학비리로 국민의 시선을 돌리려는 술책에 불과하다.

무보수로 대를 이어 묵묵히 인재 양성에 여념이 없는 사학 이사장들은 국민을 편 가르는 정치인들과 비교할 수 없는 진정한 애국자들이다.

모욕도 이만한 모욕이 없다.

2022. 2. 3

국가 주도의 함정

류현진과 박찬호, 박세리와 추신수, 손흥민, 방탄소년단 등은 스스로 자신의 장점과 재능을 일찍이 파악하고 키워나가 성공한 케이스들이다.

손기정과 서윤복 선수와 이봉주나 황영조도 역시 마라토너로서 자질과 재능을 발견해서 꾸준한 노력의 결과 세계 제패를 이룩했다.

재능의 발견과 꾸준한 맞춤식 훈련은 자발적, 능동적인 결과에서 얻어진 성과이자 열매다.

국가가 주도하는 일도 있다. 전쟁이나 캠페인 등은 국가가 먼저 주도하여 국민 참여의 계기를 제공해야겠지만, 역시 국민들의 자발적인 참여와 공감이 있을 때 소기의 목적을 달성할 수 있다.

대표적인 성과는 새마을운동이나 금 모으기 운동이 선례다. 신바람 나는 자발적 참여만이 예상을 초월하는 목표치를 달성한다.

그러나 북한의 천리마 운동이나 중국의 문화혁명은 실패했다. 목표 설정과 운동의 주도 세력이 국민들의 호응을 얻지 못했기 때문이다.

이와 같이 국가 주도는 위험한 전체주의나 공산주의 독재적 발상이며, 국민의 자발적 참여와 적극적인 호응을 얻지 못한다.

특히 창의적이고 다양한 아이디어가 분출되어야 하는 교육에 있어서 획일적이고, 경직된 국가 주도는 국제 경쟁에서 뒤처지게 되고 급기야 낙오하게 된다.

교육은 살아있는 수많은 인재들의 머릿속에 잠재하는 무한 아이디어를 도출해 내는 작업이다.

이러한 분위기를 조성하는 것은 국가의 몫일지는 모르지만, 방법론의 제시는 금물이다.

손쉬운 국가 주도는 다양성을 말살하고, 참여의식을 저하시킨다.

앞서 여러 유능한 스포츠 스타들을 국가가 관리해 훈련했더라면, 보나 마나 아무런 성과를 거두지 못했을 것이다.

자발적인 맞춤식 개인 훈련의 효과를 극대화하는 것은 국가 주도로는 이루어질 수 없다.

교육도 일선 학교의 우수한 교사들이 창의력이 발휘되

도록 하고, 특히 사학은 고유의 건학이념이 존중될 때 의
욕이 넘치는 적극적 투자와 변화가 이루어질 것이다.

2022. 2. 7

[제 2 장]
사학의 가치와 현실

사학의 경제적 가치

　중소도시에 중·고등학교를 신설하려면 대략 500억 원 정도가 든다고 한다.

　경북 도청이 옮겨간 신도시에 새로운 공립고교를 신설한 교육청 관계자의 이야기다. 공립은 대부분 규모가 30학급 규모로 신설한다.

　사립학교는 신설 시에는 100% 법인이 부담한다. 비슷한 여건과 규모인 우리 학교도 신설하려면 이 정도 비용이 들 것으로 생각된다.

그렇다면 서울이나 인천, 대구, 부산, 대전, 광주 등 대도시라면 비용은 훨씬 많이 소요될 것이다.

전국에 1,970여 개의 사립 초·중·고가 있는데, 경제적 가치를 대략 계산해보면, 천문학적 액수가 될 것이다. 이런 투자를 순수하게 공익을 위해, 인재를 양성한다는 애국심으로 설립하였다. 부귀영화나 사익을 취하려는 목적이 아니었음은 주지의 사실이다.

대부분 이미 작고하신 1세대 설립자들의 우국충정은 그야말로 고귀하고, 숭고하다. 누구라도 자신과 가족을 위해서 재산증식을 생각하였을 것이다.

사학 설립자를 제외하면 어느 누가 전 재산을 국가발전을 위해 기부하였는가?

이런 통 큰 기부를 한 설립자나 무임금으로 봉사하는 이사장에 대한 사회적 존경은커녕 마치 악덕 모리배나 비리 집단으로 매도당하고 있다.

6·25 전쟁 이후 혹은 베이비붐 시절(1955~1963) 한 해 60만의 인구가 폭발적으로 증가할 때, 교육수요를 국가가 감당할 수 없었다. 이때 독지가들에게 사립학교 설립을 권장하였고, 많은 사학이 설립되었다.

마치 지금의 사립 유치원과 같은 과정을 거쳤다. 이제 사학의 인재 양성으로 대한민국은 세계 9위의 경제 강국이 되었다.

교육의 최종 수혜자는 국가다

그동안 어느 정도 공립이 설립되어 사립과 균형을 맞추었고, 이제 인구감소로 학교가 남아돌게 되었다. 거기다 사학이 좌편향의 걸림돌이 되자 사학 때려잡기가 시작되고 있다.

일부 사학의 비리를 빌미 삼은 전교조와 민노총 및 좌파 정권이 노골적으로 사립학교 타도를 획책하고 있다.

더구나 종북 좌파 이념 실현에 걸림돌이 된다고 판단한 정치권이 일부 사학의 비리를 빌미 삼아 사학 매도에 혈안이 되고 있다.

비리 사학은 현행법으로 예외 없이 강력히 엄하게 다스리면 된다.

충치는 뽑거나 치료해야 하지만, 건치는 잘 보호 관리해야 한다. 공공성과 투명 경영을 강요하는 그들의 도덕성은 문제가 없는가? 5대 적폐 운운한 그들의 청문회를 통한 검증 결과는 어떠했는가?

공기업의 채용 비리와 노조의 세습 고용은 또 무엇인가? 이제 이 나라 사학법인은 식물인간이 된 지 오래다. 건학이념을 구현하기는커녕, 교과서 한 권 마음대로 선택할 수 없다. 이런 학교를 붙들고 있을 이유와 명분이 없다. 사학이 설립한 학교에서 평생 근무하고 퇴임하는 교사들에게는 대통령 근정훈장이 주어진다.

그러나 개인의 영화를 포기하고, 배움터를 세운 이사장

들에게는 병뚜껑 한 개도 없다. 지금이라도 사학에 사죄하고, 설립자들에게 최고 훈장을 추서하라. 요즘 1억만 기부해도 어너 소사이어티(Honor Society) 회원이라며 왁자지껄 대서특필되고 있다. 하물며 수십, 수백, 수천억을 투자하여 국가를 대신하여 학교를 세운 설립자들에게 과연 합당한 처사인가?

그리고 각종 악법을 발의하거나 폐기된 쓰레기 법을 또다시 발의하여 사학을 규제하려 하고, 앞장서 매도하는 정치인과 민노총과 전교조, 기타 좌파들은 국가와 사회를 위해 몇 푼이나 기부를 했는지 생각해 보라.

이 나라 인구의 절반이 사립학교에서 공부하였음을 잊지 말라. 누가 감히 사학에 돌을 던지려 하는가?
"죄 없는 자, 저 여자에게 돌을 던지라"던 성경 말씀을 잊었는가?

2018. 12. 3

사학에 대한 국가지원의 당위성

'국가는 왜 사립학교에 그 많은 지원을 해야 하는가?'

'학교법인은 왜 당해 학교에 대한 지원은 미진하면서 온갖 권리 행사만 다 하려 하는가?'

'사립학교가 재정의 상당 부분을 국고에 의존하고 있으면서 정부가 간섭하지 말라는 것은 명분이 약하지 않은가?'

이는 사학을 전혀 이해하지 못하는 사람이거나 사학에 흠집을 내고자 하는 사람들이 던지는 질문이다. 중등 사

학에 대한 국가지원의 당위성은 논자에 따라 의견이 다를
수도 있다.

그동안 공청회, 세미나 등의 자리에서 제시된 여러 가
지 주장을 토대로 하여 개인적 의견을 정리하면 다음과 같
다.

첫째, 국·공립학교와 사립학교는 그 설립 주체만 다를
뿐 다 같이 공교육을 담당한다는 기능상의 측면에서는 아
무런 차이가 없다.

둘째, 사학에 대한 국가지원은 사학재단에 대한 지원이
아니라 사학에 재학 중인 학생에 대한 지원이며, 모든 국
민이 균등하게 교육받을 권리를 보호하기 위한 지원, 곧
국민교육권(학습권)에 대한 지원이다.

셋째, 국가의 지원금은 국민이 낸 세금이다. 자기가 낸
세금이 자기 자녀가 다니는 사립학교에는 지원되지 않고
다른 집 자녀가 다니는 공립학교에만 쓰이고 있다면 이것

은 불합리하다.

넷째, 수익자 부담원칙에 의하면 교육비는 마땅히 수익자가 부담해야 한다. 그런데 교육의 수익자는 좁게는 학생·학부모이지만, 넓게는 국가·사회이다.

다섯째, 중학교 의무교육, 고교평준화 교육시책 아래에서 국가는 중등 사학의 재정 부족을 당연히 책임져야 한다. 국·공립학교와 사립학교 사이에 교육 여건상의 격차를 해소하는 일은 평준화 시책의 전제조건이기 때문이다.

여섯째, 정부는 중등 사학에 위탁 교육을 시행해 오면서도, 물가 억제, 중학 의무교육, 평준화 시책 등의 사유를 내세워 수업료를 통제해 왔다. 이로 인해 중등 사학에 치명적인 재정결손이 생겼으므로 그 결손액은 마땅히 정부가 메꾸어 주어야 한다. 이는 정부에서 제시한 조건이기도 했다.

일곱째, 현재 중등 사학은 고등학생의 53%, 중학생의

21%를 길러내고 있어 그 국가적, 사회적 역할의 중요성은 결코 과소평가될 수 없다.

따라서 재정 상태가 현재와 같이 열악한 사학에 대하여 획기적인 국가지원 없이는 사학의 발전을 기대할 수 없고, 사학의 발전 없이는 이 나라 교육의 발전을 기대할 수 없다.

여덟째, 사학에 대한 국가지원은 세계적인 추세이다.

아홉째, **교육기본법 제25조(사학의 육성)에도 '국가 및 지방자치단체는 사립학교를 지원 육성해야 하며 사립학교의 다양하고 특성 있는 설립목적이 존중되도록 하여야 한다'**고 규정함으로써 국고지원 의무를 명백히 밝히고 있다.

학교법인의 당해 학교에 대한 지원이 미진한 배경

대부분의 학교법인이 보유한 수익용 기본재산은 열악할 뿐만 아니라, 그나마도 대부분이 저수익성이어서 학교의 유지, 경영에 만족할 만한 재정적 지원 수단이 되지 못하고 있다.

현실이 그렇다 보니 사학들이 도무지 자구노력은 하지 않으면서 권리만 행사하려 한다든가 국가지원만을 요구하려 하는 참으로 염치없는 집단으로 보일 만도 하다.

그러나 사립 중·고등학교의 설립 배경을 조금이라도 이

해한다면 사학 경영자를 탓할 일만은 결코 아니다.

8·15 광복과 더불어 급속도로 팽창하는 교육수요를 당시의 정부 재정으로서는 도저히 감당할 수 없었다.

이때 뜻있는 독지가들이 나서서 희생적으로 학교 부지를 마련하고 교사(校舍)를 지어 수많은 학생에게 배움의 터전을 베풀어 온 것이 대부분 오늘의 사립 중·고등학교라고 할 수 있다.

돌이켜보면 이 분들은 오로지 교육만이 구국이라는 일념으로 온갖 역경 속에서도 뜨거운 땀과 남모르는 눈물로 오늘의 사학을 일구어 왔다.

이때까지는 교육용 기본재산을 마련하는 일만으로도 너무나 벅찬 부담인데다가, 막대한 개인재산을 털어 사학을 설립하는 것은 아무나 할 수 있는 일이 아니었기에 정부와 온 국민이 여기에 찬사를 보냈다.

이와 같은 배경 때문에 설립자에게 수익용 기본재산의 확보라는 부담까지 줄 수는 없었다.

고등학교 이하 각급 학교 설립, 운영 규정이 개정되기 이전인 지난 2001년 10월 31일까지만 해도 수익용 기본재산의 확보기준을 1학급당 불과 120만~200만 원(학교급별, 계열별, 지역별에 따라 약간 차등이 있으나 30학급을 기준으로 볼 때 수익용 기본재산을 3,600만~6,000만 원만 확보하면 됨)으로 규정해 놓았다.

2001년 10월 31일 이전에 설립한 학교의 수익용 기본재산의 확보기준에 관하여는 종전의 법령이 정하는 바에 의한다고 규정해 놓은 것만 보아도 그 기준이 법인의 충분한 수익금 전입을 목적으로 삼았다기보다는 법인설립을 위해 필요한 최소한의 형식적 요건을 갖추게 하는 데 있었음을 알 수 있다.

근자에 와서는 수익용 기본재산에 대한 의무 부담을 전혀 안 준다 해도 사립 중·고등학교를 설립하고자 하는 독지가를 찾아보기 어려운 터에 여기다 대고 다시 수익용 기본재산을 몇십 억 또는 몇 백 억씩 확보하라는 조건까지 붙인다면 어떻게 되겠는가?

이처럼 역사적으로나 현실적으로 사학 설립자들에게 수익용 기본재산 확보라는 큰 부담까지 한꺼번에 요구할 수 없었고, 이로 인해 대부분의 사학의 경우 수익재산이 열악할 수밖에 없었다는 사실을 분명히 인식해야 할 것이다.

결국 학교법인 입장에서 본다면 법인설립 당시 법령이 정하는 설립요건에 맞추어 수익용 기본재산을 확보하고, 관할청으로부터 설립 인가를 받아 투명하게 재산을 운영하고 있는데도 불구하고 이제와서는 그 전입금이 적다하여 딴소리만 하고 있으니 답답한 일이 아닐 수 없다.

학교 부지를 매입하고 교사(校舍)를 건축하는 것으로 설립, 운영자의 재정적 역할은 다한 것으로 보아야 하거늘, 여기에 더하여 학교 운영비나 각종 비용을 부담시키는 사례는 동서고금을 막론하고 찾아볼 수가 없다.

　그동안 국가, 사회가 어려울 때 사학의 도움을 크게 받았다면 그 공로에 대하여 고맙게 여기고 이제는 사학을 적극적으로 도울 생각을 해야지 사학에 가당치 않은 재정적 부담만을 덧씌우려 해서는 안 된다.

정부의 재정결함 보조금의 의미

당초 고등학교 평준화가 시행되기 전에는 사립학교 수업료가 공립학교보다 많았으나 1974년 평준화하면서 공립학교 수준으로 낮추었다.

여기에 한동안 학교 운영, 교원의 처우개선 등으로 인한 수업료의 인상 요인은 해마다 15~20%에 달했다.

사본주의 국가라면 낭연히 수업료에 반영해 충당해야 하지만, 정부에서는 물가 안정을 내세워 수업료 인상을 한 자릿수 이내로 강력히 통제해 왔고, 다른 한편으로는 중학교 의무교육과 고등학교 평준화 시책 때문에 사학의 등록금을 공립과 같은 수준으로 획일적으로 억제하기에 이르렀다.

그러다 보니 결국 대부분의 사학이 수업료만으로는 학교 운영비는 말할 나위도 없거니와 인건비마저도 충당할 수 없게 되었다.

이처럼 정부의 책임으로 인해 사립 중·고등학교는 재정적 결손을 안게 되었고, 이 결손을 메워주기 위한 지원금이 2004년도만 해도 3조 2천억 원에 이르고 있으며, 이 중 거의 전액이 인건비 부족분을 메우기 위한 지원이다.

만일 정부가 수업료를 통제하지 않았다면 외국처럼 공·사립 간의 수업료 격차는 커지지만, 정부 부담은 이토록 크지는 않았을 것이다.

다시 말하면 수업료 통제, 중학 의무교육, 고교평준화 시책으로 인해 정부가 중등 사학에 재정적 결함을 자초했으므로, 이에 따른 모든 책임은 마땅히 정부 당국이 질 수밖에 없게 되었다.

따라서 이것은 분명히 국고 보조금이 아니라 재정결손을 발생시킨 정부가 마땅히 내놓아야 할 보상금의 성격이다.

또한, 수혜자는 분명 사학이 아니라 사학에 다니는 학생과 학부모이다.

그런데도 정부는 사학에 대한 시혜자로 행세할 뿐만 아니라 보조금을 사학을 규제, 간섭하는 수단으로 삼고 있으니 참으로 한심하다 하지 않을 수 없다.

법인 수익용 재산관리

재정적으로 어려운 대부분의 사학이 수익용 기본재산의 적극적 관리에 대해 생각해 봐야 할 때가 되었다.

대부분 임야나 전답 등 수익이 없는 부동산을 보유한 경우가 많다.

그러다 보니 법인의 수입이 없고, 법인 운영에조차 어려움이 따르고, 법정부담금은 아예 낼 수가 없고 보니, 내용도 모르는 국민의 비난을 받게 된다.

그렇다면 수입이 발생하지 않는 법인 부동산 임야나 전답의 처분을 통해 현금을 확보하거나, 임대용 부동산으로 전환해야 한다.

본 법인 역시 3,000정보의 임야와 전답을 소유했는데, 수몰로 인한 학교 이전과 중학교 재개교로 산림청에 처분하여 건축비로 사용하였다.

그 후로도 상당 부분을 처분하여 현금과 임대 부동산으로 전환하여, 정상적인 법인 운영과 법정부담금도 일부 납부하고 있다.

학교법인에도 종합부동산세가 적용되면, 많은 세금 부담으로 결국 부동산이 사라지게 될지도 모른다.

그렇다면 과감히 수익용 임야나 전답을 적극적으로 처분하는 방법을 검토해야 한다. 최소한의 법인 운영비 정도는 있어야 이사장의 활동도 가능해진다.

요즘 끊임없이 발생하고 있는 낯 뜨거운 채용 비리가 혹시라도 법인의 어려운 재정이 원인일지도 모른다는 생각에서 제안해 본다.

2021. 7. 24

무임승차

기차나 버스와 택시 혹은 비행기나 배 등 어떤 종류의 운송 수단을 이용하더라도 승차권을 구입하지 않고서는 탈 수가 없다.

만약 차표 없이 이용하면 무임승차로 단속의 대상이며, 지하철은 정상 운임의 30배가 부과된다. 자유시장 경제를 선택한 우리나라에서는 지하 단칸방도 사용자는 월세 즉 임대료를 시불해야 한다.

하지만 사학법인이 설립한 학교시설과 운동장을 이용

하여 공교육을 실시하고 있는 국가는 오래전부터 사용료
를 내지 않고 있다. 무슨 그럴만한 이유가 있는지 살펴봐
도 전혀 발견할 수 없나.

사립학교는 국가로부터 교사의 인건비와 학교 운영비
를 지원받아서 운영하는 것으로 알려져 있다. 오히려 사학
은 법정 전입금도 부담하지 않으면서 권리만 행사하는 몰
염치한 집단으로 호도되고 있다.

그러나 여기에 감추어진 함정을 국민은 모르고 있을 뿐
이다. 사학은 설립 인가 조건에서 학교와 법인을 운영하기
위해 수익용 기본재산을 확보해야 한다. 인문계는 학급당
140만 원, 실업계는 200만 원까지, 급지에 따라 확보해야
인가를 받을 수 있다.

이런 조건을 충족하여 설립한 사립 초·중·고가 5·16군
사혁명 이후 '공·사립 등록금 동결'과 '평준화 시책'에 동참
하는 조건으로 예견되는 사학의 재정 부족분을 국가가 지
원하겠다고 제시하였다.

그러다 4대보험이 생기면서 사립학교 교직원들의 사용자 부담분을 비영리 법인인 학교법인에 부담을 강제하는 법을 1997년 사후입법으로 제정하였다.

이게 바로 법정 전입금이란 올가미이다.

수익용 기본재산으로는 어떤 법인도 부담 할 수 없다는 사실을 알고 있던 정부는 이 법에 단서 조항을 두었는데, 그 내용은 **"단 법인이 부담할 수 없을 시, 학교비에서 부담할 수 있다."**라고 하였다.

똑같은 공교육을 실시하는 공립고 교사들의 4대보험 사용자 부담분은 국가가 부담하면서, 사학 교직원들의 사용자 부담을 법인에 전가하는 부당한 행위를 중단해야 한다.

운동장도 교실도 모두 사학법인의 소유임에도 이를 이용하여 공교육을 실시한 지 오래나.

BTL이란 국가 임대사업으로 건설한 학교에는 20년간

사용료를 지불한 후 국가로 귀속된다. 대략 30학급 규모의 구미 봉곡초등학교에 월 8천만 원, 년 10억을 지불하고 있다. 그럼에도 국가는 공짜로 1966년 설립 이후부터 62년긴 무임승차하면서, 적반하장으로 감 놓아라! 배 놓아라! 온갖 간섭을 하고 있다.

이제 단연코 국가의 무임승차를 거부한다.

민법 680조에는 위탁계약의 조항이 있다. 국가는 사학과 공교육과 행정사무 위탁에 관한 계약을 체결하고, 이에 따른 정당한 대가를 지불해야 한다. 과거사 위원회는 모든 잘못된 국가기관의 관행을 시정하고 있지 않은가?

학교 지원금은 학생 개개인들에게 지급해야 할 국가지원금을 편의상 학교에 직접 지급하는 것일 뿐이다.

20년 동안 사용료를 모아 동남아의 학교가 필요한 곳에 학교를 지어, 존경받으며 살고 싶다. 아니면 건학이념을 실현할 수 있는 사회교육원을 설립하여 계몽운동을 펼

치겠다.

국민도 사학의 억울한 처지를 이해하고, 국가는 무임승차를 중단하기를 바란다.

무임금으로 봉사하는 이사장들에게도 일본처럼 품위유지비를 지급하라.

유노동 무임금이 말이 되는가? 아니면 대통령과 장·차관, 국회의원들도 무임금으로 봉사하라.

칠보지시

煮豆燃豆萁(자두연두기)　콩 깍지를 태워 솥안의 콩을 삶으니

豆在釜中泣(두재부중읍)　솥 안에서 콩이 우는구나.

本是同根生(본시동근생)　본시 한 뿌리에서 태어났건만….

相煎何太急(상전하태급)　어찌 이리도 급하게 볶는가.

　유명한 조식(曹植)의 '칠보지시(七步之詩)'라는 詩이다. 조조의 큰아들 조비는 자신이 두려워 아버지 조조의 장례에 불참한 아우 조식을 죽이려고, '형제'란 제목으로 일곱 걸음을 걸을 동안 시를 지으라고 했다.

그렇지 못하면 죽임을 당할 것이라는 단서를 달았다.

모사(謀士) 화흠(華歆)의 계략이었지만 조식은 일곱 걸음째에 위의 시를 지어 죽음을 면했다.

대한민국이 한강의 기적을 이룬 원동력은 인재 양성의 결과였고, 사학은 인재의 절반을 길러냈다.

그러나 지금에 와서 일부의 일탈을 빌미로 교육의 조강지처 격인 사학을 버리려 혈안이 되고 있다.

사학법 재개정을 발의하고, 통과시킨 국회의원 중 사학 출신들이 과연 얼마나 될까?

이 사학법을 발의한 더불어민주당 박 아무개 의원도 서울의 건실한 기독교 사학인 신일고등학교 출신인걸로 알고 있다.

자신을 눈 뜨게 한 배움터인 사학을 말살하려는 제2,

제3의 모사 화흠들은 먹던 샘에 침을 뱉는 배은망덕을 저지르고 있다.

오늘도 묵묵히 인재를 기르고 있는 많은 사학과 이사장들에게 설 자리조차 뺏으려는 의도가 무엇인가?

나라를 두 쪽으로 편 가른 대통령은 퇴임 후에도 1,400만 원의 연금을 받는다고 한다.

이사장들은 건강보험조차도 자부담하고 있는, 세계를 통틀어 유일한 유노동 무보수의 일꾼들이다.

노조 전임자들도 봉급을 받고 있지 않은가?

심지어 이사장들은 학교에서 일어나는 모든 안전사고의 민사소송 배상책임자이며, 또한 김영란법의 대상이라는 게 우습기 짝이 없다.

대통령도 사립학교 이사장들처럼 무보수로 국가에 헌

신, 봉사를 하자.

아니면 최저시급을 받도록 하자.

2022. 1. 20

정치와 교육

대선을 앞두고 온 국민이 두 쪽으로 나뉘어 정치에 올인하고 있다.

정치는 그만큼 전 국민의 관심사다. 그러나 정치권력이 사유화되어 부정과 부패가 만연하는 원인에 대한 분석이나, 대책 수립에는 관심들이 없다.

모든 게 정치에 집중되고 있는 동안 국가 백년지대계 (百年之大計)인 교육은 무관심으로 방치되어 중병이 들고 말았다.

장기적, 조직적 계획에 의한 좌파들의 역사 왜곡 물밑 작업이 진행되는 줄을 까맣게 모른 채 정치권은 제 호주머니 챙기기에 바빴다.

후보 단일화의 실패로 전국 17개 시·도 교육감 선거에서 좌파 교육감들을 탄생시킨 결과는 참혹하다.

그들은 인헌고 사태에서처럼 학생들에게 특정 이념 교육과 역사 왜곡을 통해 좌파의 혁명 전위대를 양성한다.

학생인권조례 제정은 교권의 무력화와 교사의 수업권이 침해되어 학생 지도에 소극적 방관자로 전락, 공교육이 무너지는 원인이라 할 수 있다.

페미니즘과 양성 평등 교육으로 성의 자기 결정권 운운하며, 어린 학생들에게 노골적인 성교육을 실시하고 있다.

아무리 대통령이 정권을 잡아도 교육계를 장악하고 있는 뿌리 깊은 좌파 세력을 청산하는 작업은 요원하거나 불가능할 것이다.

특히 완전히 기울어 있는 대학에서 배출되는 역사 교사들은 역사 왜곡의 선봉장이 되어 왜곡된 역사 교과서로 학생들을 세뇌시키고 있다.

편향되고 왜곡된 역사관의 주입으로 국가와 자신의 정체성을 부정하게 된다.

올바른 교육의 바탕 위에서 건전한 의식의 국민들이 태어나고, 지도자들도 탄생한다.

입으로만 교육이 백년지대계라 한다고 올바른 교육이 이루어지지 않는다.

정치 발전의 밑거름은 교육이다. 정치에 갖는 국민적 관심의 50%라도 교육에 쏟아야 한다.

역사와 교육이 바로 서지 않는 한 정치 발전은 사상누각에 불과하다. 잘못된 정치가 사람을 힘들게 하지만 교육이 없다면 사람 사는 것이 더 힘들어진다.

올바른 교육의 바탕 위에서 정치도 발전한다.

2022. 3. 19

대통령과 무급 이사장

대통령 연금의 법적 근거는 '전직 대통령 예우에 관한 법률'에 있다. 지난 1969년에 제정된 이 법은 전직 대통령 (前職大統領)의 예우에 관한 사항을 규정하고 있다.

해당 법 제4조에는 '전직 대통령에게는 연금을 지급한 다'라고 규정하며, 그 지급액을 '지급 당시 대통령 보수연 액(報酬年額)의 95%'로 정하고 있다.

지급 기간은 대통령 임기가 끝나는 월의 다음 달부터 사망한 달까지다(같은 법 시행령 제4조).

'지급 당시 대통령 보수연액'이란 연금 지급일 현재 대통령 월급의 8.853배에 상당하는 금액을 말한다.

문 대통령의 연봉은 약 2억 3,822만 원으로 알려졌다. 이에 따른 문 대통령의 보수연액(연봉 월액의 8.853배)은 약 1억 7,556만 원이고, 이 금액의 95%인 1억 6,690만 원이 연간 연금액으로 정해질 것으로 보인다.

이를 12개월로 나누면 매달 지급되는 금액은 약 1,390만 원 정도다.

연금은 매달 20일에 지급된다. 다만 실제 지급되는 금액은 그 이상이 될 것으로 예상된다. 같은 법에 근거해 연금뿐 아니라 교통비와 통신비 등 예우보조금, 비서실 활동비, 차량 지원비 등이 지급되기 때문이다〈로톡 뉴스 보도 기사〉.

5년 동안 나라를 갈등과 분열로 편 가른 대통령도 이런 예우를 받고 있는데 나라를 짊어질 동량들을 키워내는 이사장들은 왜 무보수인지 묻고 싶다.

두 식구가 먹고 사는데 1,390만 원도 모자라 교통비, 통신비까시 준나니, 이사장은 먹지도 않고, 발바닥이나 핥으며 겨울잠 자는 곰인 줄 아는가?

1969년에 제정된 법이라면, 그토록 혐오하는 군사독재 정권에서 만든 법이 아닌가?

잘못된 법일 텐데, 제 호주머니에 돈 들어가는 건 입 닫고 모른척하는 게 정말 웃긴다.

어쨌거나 이사장들도 합당한 보수와 연금을 받아야 한다.

앞뒤 모르고 침소봉대하여 발표하는 사학비리 보도에 사실확인도 없이 부화뇌동하는 국민들도 사학의 현실과 이사장들의 실상을 바로 알아야 한다.

채용비리를 저지른 부도덕한 사학은 극소수다. 이시간에도 2세 교육에 노심초사하는 많은 사학 이사장들이 대부분이라는 것을 정치권과 국민들은 알아야 한다.

임금 인상에 목숨을 걸고 투쟁하는 민노총에게 묻는다. 유노동 무보수인 이사장들의 입장을 어떻게 생각하는지?

세계에서 유일한 유노동 무임금인 이사장은 건학이념 구현의 명분만 주고 실제로 학교 운영이나 교육과정에 개입하지 못하게 하고 있으며, 오직 행·재정적·대외적 책임만 지고 있다.

이사장이 학교 교육 활동 과정에서 발생하는 각종 인사 사고의 배상책임자라는 것은 또 무슨 경우인가?

각종 천재지변으로 혹은 인재로 발생하는 사고에 국가가 배상하지, 대통령이 배상하는가?

이제 이사장에 대한 품위유지비를 지급하거나, 아니면 대통령도 이사장과 같이 무료 봉사하고, 퇴임 후 연금도 없애든지 아니면 최저시급 받기를 제안한다.

나라가 가난했던 시절에 1세대 설립자들은 흔쾌히 사재를 털어 통큰 기부로 사학을 설립하여 자부심과 긍지를 느꼈다.

그러나 이제 세계 9위의 경제 대국인 국가가 사학에 보답해야 할 차례다.

포퓰리즘이 만연한 시대에 개인의 건강보험조차 이사장이 부담하고 있다.

핵으로 위협하고, 연일 미사일을 쏘아대는 북에도 못 퍼주어 안달하는 정권이 왜 이사장만 무급인가?

이게 말이나 되는 소리인가? 대통령과 국민들은 대답하라.

기업경영과 사학

　오늘 아침 대구 TBC '백년기업을 향해'란 일신프라스틱
(주)의 3대 경영을 소개하는 프로를 시청했다. 아버지에서
아들과 손자까지 함께 경영에 참여하고 있는 것을 아주 자
랑스레 소개하고 있었다. 경영의 노하우를 전수하고, 신
기술개발과 품질향상을 위한 아이디어 보완 등으로 3대의
협업을 부각하며, 그 장점을 PR하였다.

　문득 사립학교의 족벌경영 운운하는 사회적 비판이 어
디서 연유하는지 의문이 들었다. 학교경영도 경영의 기술
이다. 더 좋은 학교를 만들기 위해 일정 자격을 가진 가족

들이 경영하는 게 뭐가 잘못된 것인지, 합당한 반대 이유가 있어야 한다. 전직 국회의장은 지역구까지 대물림을 시도하다 여론의 반대로 포기한 바 있다.

더구나 무보수인 이사장과 이사들이다. 설립 時의 재산 출연은 물론이거니와 개교는 100% 법인의 투자로 이루어진다. 그리고 법인 직원도 아닌 교직원들의 4대 보험 사용자 부담분인 법정 전입금과 특정시설 신축 시에 공사비의 30%를 부담금으로 강요하고 있다. 강당이나 체육관, 식당 등 학교시설의 사용자는 교사와 학생들이다.

교육부와 시·도 교육감들은 사학의 마지막 보루인 인사권조차 빼앗아 가려고 획책하고 있다. 일부 사학의 채용 비리가 그 이유다. 잘하고 있는 사학조차 위탁채용을 강제하는 초법적인 규제를 시도하고 있다.

채용 비리가 어디서 기인하는지, 그 원인을 제거하는 연구에는 소홀하다. 무보수와 부당한 법정 전입금에 시달리며, 여론몰이에 의한 사회적 비난에까지 직면하고 있는 상황에서 사학의 순기능은 간과되고 있다.

세계 유일하게 학교와 법인회계를 통합하여 시행하고 있다. 법정 전입금 문제와 이사장의 무보수를 해결할 대책에는 무관심하다. 사학의 동의 없이 추진되는 고교무상 교육에는 반드시 민법 680조에 명시된 위탁계약의 의무를 준수해야 한다.

그리고 사학의 교육시설에 대한 정당한 사용료를 지불해야 한다. 줄 것은 주고, 받을 것을 받아야 한다. 정치권과 교육부의 사학 죽이기식의 잦은 입법발의와 규제는 지양되어야 한다.

기업의 가족경영은 자랑거리가 되고, 사학의 가족경영은 족벌 비리로 매도되는 어처구니없는 풍토 역시 개선되어야 한다.

2019. 4. 8

[제 3 장]
새로운 시도
'경북형 사립학교 교사 임용 공동 전형'

모순투성이 사립학교법

「사립학교법」에 의하면 이사회는 학교법인이 교원의 임용에 관한 사항을 심의, 의결을 하도록 하고 있고(제16조 제1항 제5호), 사립학교 교원은 당해 교원인사위원회 심의와 학교장의 제청으로 이사회의 의결을 거쳐 학교법인이 임용하도록 하고 있는데(제53조의2 제1항 제1호), 이는 학교 설립 취지와 건학이념에 따라 사립학교 경영의 자율성을 인정하는 헌법에서 보장하는 사적 자치영역의 보장에 관한 규정이므로 학교법인의 고유권한인 교원의 임용권은 철저히 보장되어야 한다.

현행 사립학교법 시행령에 희망하는 학교법인은 교육청에 위탁하여 교원의 신규 채용 공개 전형을 할 수 있도록 규정되어 있어 학교법인의 자율성을 그나마 인정하고 있음에도 불구하고, 특정 학교의 비리를 빌미로 교원 신규 채용 전형을 시·도교육청에 위탁하도록 강제하는 것은 사학의 자율성을 제한하고 학교법인의 교원임용권을 침해하는 것이다.

특정 학교의 인사 비리를 빌미로 전체 학교법인의 고유 인사권을 침해하려는 것은 헌법이 보장한 사학의 자율성을 부정하는 것이다.

사학에 대한 국가재정지원은 사학에 지원해 주는 것이 아니라 사립학교에 강제 배정된 학생에게 지원하는 것으로 국가의 중학교 의무교육과 고교평준화정책에 기인한 것이므로 재정지원과 특정 학교 비리를 빌미로 법을 개정하려는 것은 정당한 사유가 될 수 없을 뿐만 아니라 사학에 대한 국가재정지원의 확대와 공공성 차원에서 학교법인의 고유권한인 교원의 임용권을 규제하려는 것은 위헌적인 발상이다.

2001년도에 헌법재판소는 교육에 있어서 '자유'의 이념을 강조하였다. 헌법재판소는 '사립학교의 설립과 운영의 자유'를 헌법상의 권리로 보장하고 있다. "사립학교는 설립자의 의사와 재산으로 독자적인 교육목적을 구현하기 위해 설립되는 것이므로, 사립학교 설립의 자유와 운영의 독자성을 보장하는 것은 그 무엇과도 바꿀 수 없는 본질적 요체"라고 판단하였다(헌재 2001. 1. 18. 99헌바63 판례집).

신규 채용과 관련하여 전체적으로 어떤 전형형식과 방법의 선택은 교원임용의 핵심적인 사안으로 그 결정은 전적으로 당해 학교법인의 고유권한이다.

사립학교 교원의 임용은 「사립학교법」에 따라 학교법인의 고유권한이기 때문에 시·도교육감에게 위탁 전형 실시를 강제하려는 법 개정안은 사립학교의 교원임용 자율성을 심각하게 침해하며 위헌적이고, 세계 어느 나라 사학에서도 찾아볼 수 없는 전체주의적 발상으로 강력히 반대한다.

따라시 현행의 「사립학교법시행령」 제21조 제1항처럼, 해당 학교법인에서 공개 전형을 시행하거나 개별 법인이 학교의 여건과 사정을 고려하여 자율적으로 교육청에 위탁할 수 있도록 해야 한다.

개정안 제70조의 3 제안이유를 살펴보면, 사립학교 소속 사무직원의 인건비를 지원받고 있는 초중등 사학의 사무직원의 채용 절차의 투명성을 강화한다고 하고 있으나, 사립학교는 건학이념 구현을 위하여 최소한 교육 과정 편성권과 수업료 책정권, 교직원 인사권을 학교법인에 부여하는 것이 사립학교 운영의 자율성을 보장하는 본질적 요체(헌법재판소에서는 사립학교는 설립자의 의사와 재산으로 독자적인 교육목적을 구현하기 위해 설립되는 것이므로 사립학교 설립의 자유와 운영의 독자성을 보장하는 것은 그 무엇과도 바꿀 수 없는 본질적 요체라고 할 수 있다고 판결, 2001. 1. 18. 99헌바63) 일 뿐 아니라 학교법인과 유지 경영하는 학교의 직원과의 관계는 사적 고용관계라고 판단한 헌재의 판단과 같이 헌법정신에 맞게 현재 사립학교 소속 사무직원은 학교장의 제청으로 학교법인 또는 사립학교경영자가 임용하며, 임용에 관한 사항은 정관 또는 규칙으로 정하고 있으며, 공개전형으로 추진하고 있다.

사립학교 사무직원은 사립학교 교원과는 달리 그 임면, 보수, 복무 및 신분보장에 관하여는 「사립학교법」 제70조의2 제1항에서 학교법인의 정관으로 정하도록 하였을 뿐 달리 그 내용을 규정한 바가 없어 그 근무 관계는 본질적으로 사법상의 고용 계약관계라 할 것이므로, 사무직원의 임면에 관한 사항을 정하는 데에는 임면권자의 고도의 재량권 행사가 허용된다고 할 것이다.

따라서 사무직원의 공개채용 여부를 포함하여 채용의 형식과 방법, 절차 등은 현행과 같이 학교법인의 정관에서 정하는 것이 타당하다.

또한 사립학교 사무직원은 교원이나 공무원과 같이 신분보장이 되는 법률 근거도 없이 의무만 부담 지우는 것으로 과잉 입법안이며, 헌법의 사적영역 보호에 위배된다.

이울러 사립학교 시무직원의 인건비를 국가 및 지방자치단체로부터 지원받고 있으므로 공개 전형을 해야 한다고 주장하고 있으나, 사립학교에 대한 지원은 사립학교가 원하여 지원하는 것이 아니라 정부 정책에 따른 중학교 의무교육과 고교평준화제도 도입에 따른 사립학교 등록금을 공립학교 수준으로 동결시켜 그 부족분을 보조금 형식을 빌려 사립학교에 지원해 주고 있는 것이다.

이와 같이 중학교 의무교육과 고교평준화정책은 정부의 강압적 교육 정책에 사립학교를 포함한 것으로 세계 어느 나라에서도 그 유례를 찾아볼 수 없다.

사립학교를 공립학교처럼 운영하면서 수업료 동결에 따른 재정지원을 마치 사립학교에 큰 시혜를 베푸는 것으로 오해하는 것은 무지한 까닭이며, 재정지원은 사립학교에 다니는 학생과 학부모들에게 지원하는 것이지 사립학교에 지원하는 것이 아니기 때문에 이를 내세워 사무직원

채용을 공개 전형하도록 하는 것은 부당 결부 금지의 원칙
에도 어긋난다.

　　결국 헌법에서 보장하는 사학 운영의 기본권인 자율성
보장과 건학이념 구현을 위해 학교법인에서 필요할 때 정
관 등으로 규정할 사항이지 법률로 규정하는 것은 과잉입
법이며, 사학의 자율성을 말살하는 것으로 반대한다.

경북 사학회의 신규 채용시험

사학의 공공성이 사회적 화두가 되고 있다. 조례제정 등 강제 위탁으로 몰아가는 시도교육감들의 의도적 압박이 교장 위임 등 상식의 도를 넘어서고 있다.

신규 채용에 관한 사회적 불신이 팽배하고, 관련된 불공정한 비리도 발생하고 있다.

이에 대한 소극적 대책으로 도 단위 법인 협의회에서 공동시험을 치르는 게 고작이다. 수년 전에 교육부가 법제처에 공개채용 時, 필기시험을 치러야 하는지 질의하였고,

반드시 치를 필요가 없다는 회신을 받았다.

공개채용의 절차만 밟으면 하자가 없다는 해석이었는데, 그때 법제처 해석대로 전국 동시에 필기시험을 면제할 기회가 있었지만, 이제 떠나간 버스가 되고 말았다.

차선으로 자체시험을 치렀지만, 여간 복잡한 일이 아니어서, 전북에 이어 경북이 도 협의회 주관으로 2017년 11월부터 실시하고 있는데, 올해는 많은 호응이 있다.

사학 최후의 보루인 인사권을 지키기 위한 선택이다. 일전에도 중앙회에서 전국적으로 동시 시행을 거론했을 때, 법적 근거 문제로 난색을 보인 적이 있다.

법적인 문제를 잘 모르긴 하지만 법인이 동의하여 전국 출제를 하는데 법적인 문제를 거론할 이유는 없다고 생각한다.

현재 경북협의회 주관의 공동관리도 법인 동의를 받고

공정한 절차를 거쳐 실시되고 있다.

　그렇게 본다년 전국단위 실시도 문제가 없을 것이다. 수능과 같은 방법으로 출제자를 위촉하여 출제하고, 보안 문제를 지켜 시험지를 수송, 전달하여 도 단위로 실시한다면 큰 어려움이 없을 것이다.

　물론 중앙회가 일이 많긴 하겠지만, 희소한 과목이라도 전국단위로 실시하면 응시자가 많아져 출제의 애로사항이 해결되는 이점도 있고, 출제 비용의 절감으로, 채용법인의 부담도 많이 줄어들 것으로 생각된다.

　그러므로 사회적 공신력 회복과 중앙회의 기능과 역할이 인식되어, 사학이 결속되는 좋은 효과를 기대할 수도 있을 것이다.

2019. 7. 16

경북회의 교사 채용시험 경과보고

한국 사립 초·중·고 법인 협의회 경북회는 2017년 11월부터, 경북 도내 92개 사학 법인이 공동 관리하는 신규교사 채용 1차 필기시험을 주관하여 2021년 5회 차를 맞고 있습니다.

<표-사학법인 공동관리 시험 경과>

	참가법인	채용과목	응시인원	채용인원
2017	6	9	101	17
2018	10	12	238	41
2019	18	22	350	74
2020	22	20	478	88
2021	32	27	815	155

그간 2017년 참가 법인 6, 채용 과목 9, 응시인원 101명, 채용인원 17명, 2018년 참여 법인 10, 채용 과목 12, 응시인원 238명, 채용인원 41명, 2019년 참여 법인 18, 채용 과목 22, 응시인원 350명, 채용인원 74명, 2020년 참여 법인 22, 채용 과목 20, 응시인원 478명, 채용인원 88명 선발을 무사히 마쳤고, 신규 채용 교사들에 대한 교육도 시행하여 교사로서 책임감과 사명감, 국가관, 사학의 건학이념 실현과 사학 운영의 어려움까지 교육하고 있습니다.

5년 차인 2021년에는 참여 법인 32, 채용 과목 27, 응시인원 815명, 채용인원 155명이 예정되어 있습니다.

1회 때 보다 무려 32개 법인이 27개 과목에 155명의 신규교사 채용이 완료되어 완전 정착 단계로 접어들어 타시·도의 모범이 되고 있습니다.

시험은 참가 법인의 교장들이 전원 전형 위원으로 참여하고, 출제위원 선정과 각종 진행을 맡고 있습니다.

출제위원은 참여 과목이 없는 학교 교사 2명과 대학교수 1명을 선발 위촉하여, 채점까지 끝나면, 결과를 해당 법인으로 보냅니다.

출제위원들은 우리 학교가 위치하는 경산 지역에서 모여 진행하는데, 전형위원장과 전형위원 각 1명과 각 참여 법인의 행정 실장들이 보안 요원으로 선발되어, 인근의 중소기업 연수원에 입실하여, 휴대전화를 반납하는 등 철저한 보안 속에서 엄격하게 진행됩니다.

시험 당일 새벽에 시험지를 인쇄하여 금고에 봉인한 후 본교의 고사장으로 전달되어 시험이 치러집니다.

본 시험은 경북회 회장인 우리 학교가 대구와 인접해 접근성이 편리하여 고사장과 행정적 지원업무를 제공하고 있습니다.

고사장 복도에도 보안 요원들이 배치되어 철저한 보안이 유지되며, 시험 종료와 동시에 출제위원들이 보안요원들의 입회하에 시험지를 채점한 후 각 법인에서 인수하여, 상위 5배수 혹은 그 이상을 선발하기도 합니다.

그 후로는 개별 법인에서 교안 작성과 수업 시연의 2단계 심사를 거친 후, 3단계 면접을 거쳐 최종 선발됩니다.

소요되는 제반 비용을 참여 법인이 N분의 1로 나누어 부담하고 있으며, 현재까지 많은 호응을 받아 신규 채용 과정의 투명성과 공정성, 공공성 확보와 사회적 신뢰 형성과 사학의 인사권 행사로 자주성을 지켜나가고 있습니다.

경북회가 이러한 고무적인 성과를 거두고 있어 중앙회가 수능처럼 전국적으로 실시하거나, 각 시도회가 실시할 것을 여러 번 건의한 바 있음에도 오늘까지 미루다 이 지경에 이르렀음을 유감스럽게 생각합니다.

법인 공동관리 시행이 5회 차까지 접어든 성공적 사례를 들어 정치권에 공개하여 사학의 자주성인 인사권 행사가 공정하게 이루어질 수 있다는 신뢰감을 홍보했어야 합니다.

시험지와 정답이 유출되는 배추장수식 단독 법인이 주관하는 불공정한 방법이 지양되어야 합니다.

웅동학원과 태광학원의 경우가 바로 단독 법인의 출제가 안고 있는 문제점입니다.

투명하고, 공정하게 잘 운영되고 있는 법인에는 격려와 지원을, 비리 법인에는 엄정한 규제가 이루어지기를 바랍니다.

그러나 연좌제와 같이 구분 없이 획일적으로 적용하는 이번의 날치기 사학법 개정은 절대로 용납할 수 없으며, 총력 투쟁할 것입니다.

공·사립의 교육성과 비교

공립과 사립은 학교 설립의 주체가 다르기 때문에 똑같은 교육 과정으로 교육하지만, 그 성과가 비교된다. 공사립은 교사 선발의 기준부터 다르다.

공립은 임용시험의 결과로 임용 순위가 정해진다. 오로지 성적이 순위를 결정하지만, 사립의 필기시험은 현실적인 수능을 목표로 하고 있다.

공립 임용고사의 출제기준은 전공과목의 난이도를 테스트하는 데 초점을 두고, 사립은 고난도 수준의 수능을 타깃으로 하여, 교과 내용의 전달 능력에 중점을 두고 있다. 다음으로 학생들과 교감 능력, 친화력, 조직원으로서의 원만한 품성 여부, 사학의 건학이념에 대한 이해 등 종합적인 평가를 한다.

매년 발표되는 공사립의 진학 결과를 비교해보면 사립의 진학 성과가 월등하게 앞서고 있는 것은 주지의 사실이다.

학교폭력이나 제반 문제들도 발생 비율이 현저히 낮다. 사립교사는 최소한 30년 정도를 한 학교에서 지내다 정년을 맞이하게 된다.

자연 애교심이나 사명감이 투철해져 사제의 정도 끈끈해질 수밖에 없다.

필기시험 성적보다 종합적인 인성이나 국가관과 교육관을 광범위하게 검증하는 사립학교 교사 채용 과정이 오히려 더 합리적이라 생각한다.

[제 4 장]
개혁의 필요성

사학법 개정에 즈음하여

이번 국회에서 사학법 개정에 따른 신규교사 채용의 인사권을 강탈당하는 수모를 겪으며, 그간의 사학이 걸어온 행보에 대해 되짚어 보지 않을 수가 없다.

오래전부터 대학과 중·고 법인이 저지른 사회적 물의가 반복되어 국민적 여론도 부정 일변도로 돌아섰음을 사학인 누구도 부인할 수 없을 것이다.

일말의 진지한 자성이나 확연한 변화의 대안도 제시하지 못한 채 오늘의 비극을 자초하게 되었다.

호시탐탐 사학의 말살을 기도하는 좌파정권에 비리라는 빌미를 제공한 인과응보이요, 자승자박일지도 모른다.

일찍이 최소한 문제 유출이나 정답 유출을 방지할 수 있는 적극적 대처를 포기한 채, 사학법 개정이란 폭탄이 터지자 겨우 한다는 일이 피켓을 들고 1인 시위하는 것 밖에 없었다.

사학이 공정한 채용으로 빌미를 제공하지 않았다면 사학법 재개정은 없었을 것이다.

누더기 사학법

1910년 한일합병 후 조선총독부는 〈조선교육령〉을 제정하여 각종 학교를 규율하면서 1911년 〈사립학교규칙〉을 제정하여 사립학교가 법규를 잘 지키는지, 교과용 서적을 제대로 쓰고있는지, 독립을 고취하거나 일본제국에 반항을 장려하지는 않는지 감시하고자 하였다.

국민교육은 국가적 사무이기 때문에, 사인(私人)에게 위임하는 것은 변칙이다. 사학교육은 총독부에 의해 행정적으로 다스려야 한다는 당시 학무국장 관옥(關屋)이 1911년 8월 보통학교 교감 강습회에서 주장했다.

사립학교 규치은 사립학교령을 대폭 개정한 것이다. 이러한 사립학교 규칙은 일제의 포괄적인 통제와 감독을 규정한 것이다. 이로인해 총독부의 압력을 견디지 못해 관, 공립으로 전환하거나 폐교하는 사례가 허다하였다. 1910년 2,080의 사립학교가 1912년에는 1,362교로, 다시 1915년에는 1,154로 줄어 들었다〈한국의 사학 59~60쪽〉.

1919년 3·1운동은 사학 학생이 중심이 된 것이었다. 이후 무단정치에서 문화정치로 사립학교에 대한 통제를 일부 완화하였으나, 1931년 이후 일본의 군국주의적 경황과 민족말살 정책으로 사학과 사학교원들은 극심한 박해와 시련을 겪어야 했다〈같은 책 76쪽〉.

해방 후 교육의 부흥기를 맞아 넘쳐나는 교육수요를 충족하기 위해 꼬리를 물고 사학이 세워졌다. 미군정은 민주주의와 교육의 기회균등을 추구하면서 1945년 9월 17일 일반명령 4호〈공립초등학교 재개에 관한 건〉, 1948년 8월 12일 〈교육구회설치법령〉〈공립학교재정경리 법령〉 등을 통하여 교육에 관여하였다. 한정된 예산의 미군정 학무당

국으로서는 민간교육기관의 참여를 적극 장려하고 환영하였다. 많은 민간인이 사재를 털어 학교설립에 참가하였고, 당시 문교부는 사립학교를 남발한다는 비난을 들을 만큼 사학설립에 관대하였다. 많은 사학이 재원이 부족했음에도 설립되어 교육열에 부응하였다.

1949년 12월 31일 교육법(법률 제86호)

교육법은 교육의 목적과 방침을 정하였지만 사립학교를 국·공립학교와 똑같이 취급하면서 사립학교의 자주성에 대하여 아무런 언급이 없고, 오히려 일제 치하의 교육법령과 유사하게 사립학교를 규제하는 규정들을 두고 있었다.

구체적으로 교육법 제6조는 국가 및 지방공공단체가 '모든 교육기관을 시도감독한다.'라고 규정하여 포괄적 규제의 근거를 마련하였다. 제77조, 제86조, 제87조, 제88조, 제90조에서 보고, 승인, 해직명령, 폐쇄명령은 과거 사립학교에 대한 일제식민지의 포괄적 규제장치인 〈사립학교령〉, 〈사립학교규칙〉과 동일한 것으로 사립학교의 자주성과 독자성은 처음부터 발현되지 못하였다.

1961년 〈교육에 관한 임시특례법〉

사학에 대한 정부의 포괄적 규제는 1961년 5·16 이후 사이비 사학재단과 그 관계인을 교육계에서 축출한다는 명목으로 사학에 대한 통제를 강화한 〈교육에 관한 임시특례법〉의 내용에 의하여 더 극단적으로 나타났다.

제1조 교육의 정상적 질서를 확립하고, 질적향상을 도모하기 위해 특례를 정한다고 하고, 제3조는 정부의 폐쇄명령과 합병명령, 학급 또는 학생정원 재조정을 할 수 있게 하고, 그 기준을 각 령으로 정하였고, 제4조는 사립학교를 국·공립 학교와 환치(換置)하는 명령을 할 수 있도록 하면서 이 경우 상당한 보상을 하도록 하였다. 제11조, 제12조, 제13조, 제16조, 제17조는 이사 또는 감사의 자격제한을

제19조는 이사 또는 감사의 취임 승인 취소를 제20조는 문교부 장관이 임시이사 이해관계인의 청구 또는 직권으로 '선임한다.'라고 규정하였고 특히 1962년의 〈대학정비령〉에 따라 많은 대학들이 정원감축, 학과폐지, 학교 간의 병합과 해산을 강요당했다.

1963년 사립학교법

1963년도에 제정된 〈사립학교법〉은 위 〈교육에 관한 임시특례법〉으로 대체하였는데, 위 〈교육법〉 및 〈교육에 관한 임시특례법〉의 기본틀을 유지하였다. 그러므로 사립학교의 특수성에 비추어 그 자주성을 확보하고, 공공성을 앙양함으로써 사립학교의 건전한 발전을 도모한다는 사립학교법 제1조의 목적은 도외시되고 공공성과 통제만을 강화하는 방향으로 규정하였다.

사립 중·고등학교 운영의 자유는 심각하게 제약되었고, 포괄적인 교육청의 지도·감독 체제하에 놓이게 되었다.

동법 제3조, 제4조, 제5조는 학교법인으로 하여금 학교에 필요한 시설, 설비 외에 '당해 학교의 경영에 필요한 재산을 갖추어야 한다'고 규정하여, 수익용 기본재산을 요구함으로써 사립학교 설립자의 추가적인 출연을 강요하였다.

제10조는 학교 법인의 설립 허가제를 제21조는 임원 선임을 제한하였고 제23조는 이사장의 학교장 겸임제한 제25조는 문교부 장관의 임시이사의 선임권 제26조는 이사장과 이사들의 보수지급을 통제하였고, 제28조는 학교재산의 매도, 임대, 용도변경, 담보제공 등을 할 때 감독청의 허가를 받도록하였고 제31조는 예결산을 감독청에 제출하도록 하였고 제33조, 제43조, 제47조는 문교부 장관이 학교법인에 대하여 해산을 명할 수 있다고 규정하고 있다.

1968년 이후의 평준화 정책

중·고등학교 평준화 정책은 헌법적 요청이 아니며 법률상의 정책이다. 중학교 평준화는 1968년부터 고등학교는 1974년부터 시행되었다. 평준화가 실시된 지역에서 사립중·고등학교는 학생선발권이 박탈되었고, 사립고등학교는 수업료가 공립고등학교 수준으로 동결되었다(사립중학교는 의무교육). 입시과열이나 학교교육의 왜곡 등을 방지하기 위함이라는 취지에서다.

하지만 이러한 일방적 정책은 사립학교의 '동의'나 '위탁교육의 수락'이 없었고, 중학교 의무교육 위탁제도 역시 법률에만 규정되어 있을 뿐이어서 원천적으로 무효다. 이러한 교육관계 법규는 사학의 자율성과 자주성은 구호에 그치고, 실제로는 일제 식민지에서 보여준 사학에 대한 포괄적 감시,감독과 통제 체계를 그대로 유지하고 있다〈사립학교와 헌법, 이명웅 변호사 著〉.

이것으로도 부족하여 1998년 2월 25일 출범한 김대중 정권에서 〈사립학교법〉이 2002년 말까지 추진되었으나, 사학단체와 한나라당의 반대로 사학법 개징안은 2004년 5월29일 제16대 국회 회기 종료 시까지 교육위원회에 안건 상정조차 되지 않은 채 폐기되었다.

이어 2002년 12월 19일 16대 대선에서 당선된 민주당 노무현 후보는 이듬해 2월 25일 취임하여 2004년 4월 15일 17대 총선에서 국회의원 152명을 당신시켜 제1당으로 부상하여 국가보안법, 사립학교법, 과거사법, 언론관련법 등 이른바 4대 개혁입법을 추진하였다. 사학과 한나라당 의원들의 반대에도 불구하고 2005년 12월 9일 오후 재석의원 154명 중 찬성 140, 기권 4, 반대 10으로 가결 선포되었다.

그것으로도 모자라 금번 문재인 정권은 또다시 사학법 개정으로 신규교사 채용 강제 위탁과 운영위 심의기구화 등으로 사학법 개정과 금번의 재개정 등 초법적, 위헌적 국가주도의 교육정책이 법치주의 자유민주국가에서 자행되고 있다.

현재의 사학법은 110년 전 일제의 교육령과 다를 바 없는 누더기 법이다.

일어나라, 사학이여

존경하는 전국의 이사장님들께 올립니다.

저는 오늘 돌팔매를 맞을 각오로 이 글을 씁니다.

애국 일념의 건학정신으로 큰 뜻을 펼치고자 땀 흘려 개교한 학교입니다.

그러나 시름시름 앓나 못해 이세는 시냉할 기력마서 잃어가고 있습니다.

아무리 무소불위의 권력이라 해도 순리를 거스를 수는 없다고 생각합니다.

사학의 설립 정신은 개인의 지식연마도 목적이었지만, 불의에 항거할 수 있는 용기 또한 가르치기 위함이었습니다.

하여 권력의 일탈을 견제하며, 경제발전과 아울러 정치 사회적 발전도 이끌어 왔습니다.

나는 괜찮겠지, 우리 학교는 잘하고 있으니 별일 없을 거라는 이기적인 안일함과 사학 전체에 대한 무관심이, 오늘의 위기를 자초했다고 감히 생각합니다.

설립자 어느 한 분이라도 지역에서 명망이 높지 않으신 분이 없었습니다. 1,970여 곳의 학교가 왜 설립되었을까요?

학교마다 독특한 건학정신이 있었고, 우국의 일념으로,

조국의 발전을 위해 앞장서 왔다고 자부합니다.

그렇게 세운 학교가 이제 비리 집단으로 내몰려 국가 인권위에서 6월 10일부터 8월 9일까지 2차 비리신고를 받는다고 합니다.

신고자에게는 신변의 안전은 물론, 거액의 포상금까지 준다고 버젓이 광고하고 있습니다.

이런 만행에도 죽은 듯 말 한 마디 못 하고 있는 사학들은 스스로 비리를 자인한다는 말입니까?

저는 배움도 짧고, 살아온 이력 또한 내세울 것 없는, 한낱 필부에 지나지 않지만, 이런 모욕은 참을 수 없습니다.

지난해에도 비리신고를 받는다고 법석을 떨었지만, 어떤 비리가 있었습니까?

사소한 행정적 업무착오 외는 특별한 일은 없었습니다.

이제 더 이상 무엇을 지키시렵니까? 사학이 뭉치면 못할 일이 없다고 생각합니다. 900여 법인과 1,900여 학교가 죽기를 각오한다면 무엇인들 못 하겠습니까?

아직도 우리가 할 일은 많습니다.

이사장님들께서 설립자분들의 뜻을 계승한다는 무거운 사명감으로, 학생들에게 읽힐 책 한 권이라도 올바르게 선정한다면, 왜곡된 이념교육에 세뇌되는 학생들을 지켜낼 수 있습니다.

정확한 정보와 올바른 역사관과 국가관을 확립시킬 수 있는 책들은 많고도 많습니다.

이사장님들이 관심만 가지신다면, 도서 구입만 올바르게 하여도 수많은 학생을 좌파 이념과 왜곡된 역사 인식으로부터 지켜 낼 수 있습니다.

이런 저의 행보를 특정 출판사와 결탁한 책장사인 양 오해도 받았습니다.

우선 우리가 할 수 있는 일부터 시작해야 합니다. 학교 운영을 투명하게 하는 일이 급선무입니다.

중앙회에서 발행하여 보급한 업무백서 대로만 하면 됩니다.

법인은 사학비리의 대명사처럼 되어버린 신규 채용을 공정, 투명하게 관리해야 합니다.

어려우시더라도 설립자분들의 숭고한 건학정신을 훼손하지 않도록 떳떳하게 행동해야 합니다.

어떤 어려움이 따른다 해도, 사학의 명예에 먹칠해서는 안 됩니다.

이 극악무도한 정권의 사학 경시 풍조를 바로 잡으려

면, 단결과 투명 경영뿐임을 다시 한번 말씀드립니다.

총선을 앞두고 세계에 유례없는 사립고교 무상교육을 획책하고 있으며, 자사고 강제 폐지 등의 만행을 저지르는 현 정권에 분연히 맞서야 합니다.

서서 죽으나 앉아서 죽으나 매한가지일 뿐입니다.

사학의 명예를 위해서라도, 분연히 일어서야 하고, 항거해야 하며, 이것은 시대적 소명이기도 합니다.

2019. 6. 14

자업자득

옳다고 생각하면, 바른길이라 생각하면,
좌고우면할 것 없이 곧바로 가야 한다.
다소간 힘들고 가시밭길이 예상된다고 해서
머뭇거리거나 피해 갈 수는 없다.

국정 역사 교과서 연구학교 신청을
밀어붙인 이유도
교장 선생의 합법적 절차에 의한 성당한 선택이었기
때문이다.

하물며 신규교사 채용 필기시험 법인 공동관리는
사학에 주어진 정당한 인사권 행사라
머뭇거릴 이유가 없있다.

여러 차례 개혁과 자성을 제안했건만
마이동풍이었던 결과 자주성의 침탈을 자초했다.

지금이라도 단결해서 우선 진정한 자성의
대개혁으로
국민적 지지부터 회복해야 한다.

아파도 피고름을 짜내야 새 살이 돋는다.

은인자중도 대안인가?

사학 최대의 적(敵)인 교육부와 좌파정권이 사학을 고립시켜 스스로 손을 들게 하려는 목적으로 각종 규제악법을 발의하고 있다. 야당인 국힘당이 여당이었을 때도 마찬가지였다.

시초는 군사정권의 공사립 평준화였다. 아무런 대안없이 덜컥 정부안을 수용한 것이다.

재정지원이라 포장된 현재의 재정결함 보조금의 술책에 넘어간 것이다.

ㄱ 이후 인구폭발로 학생 모집 걱정 없는 호황을 누렸다. 80년대는 사학이 치부의 수단이 되어 전문대 및 대학이 우후죽순 설립되었다.

치부 목적의 설립자들은 이윤 창출에 수단 방법을 가리지 않았다.

잦은 비리를 양산한 사학은 곧바로 국민에게 비리 집단으로 인식되었고, 정부는 더더욱 규제에 열을 올렸다.

그 결과 오늘에까지 이르렀고, 이제 마지막 절벽으로까지 밀려버렸다.

자존심을 지키려고 많은 사학이 노력하고 있지만, 끊임없는 비리로 인해 자승자박하고 있다.

그래도 자성의 소리는 없고, 은인자중만 되뇌고 있다. 은인자중은 대안이 아닌 자포자기의 또 다른 표현일 뿐이다. 사학의 권익이 은인자중만으로 지켜지지 않는다.

그 결과 여기까지 오지 않았는가? 배수의 진을 쳐야 한다. 빛 좋은 개살구에 불과하다는 이사장을 해서 뭐 할 것인가? 인사권조차 행사하지 못하고 꾸물거리다 여기까지 왔다.

이제 은인자중은 신물 나는 자포자기임이 증명되었다. 권리는 투쟁하지 않으면 찾을 수 없다. 민노총과 전교조를 보라. 없는 권리도 만들지 않는가?

은인자중하다 가진 권리조차 빼앗기고도, 다시 은인자중을 되뇐다면 곧 포기다.

싸울 힘이라도 있을 때 싸워야 한다.

2021. 7. 20

진정성 있는 개혁

16세기에 태어난 프랑스의 예언가 노스트라다무스는 화석 연료를 사용하는 기계문명의 발달로 대기와 물이 오염되어 지구가 멸망할 것을 예언했다.

이제야 공해의 심각성을 깨달은 인간들은 부랴부랴 기후협약을 통한 지구 구하기에 나섰지만, 때늦은 감이 있다.

그러나 늦다고 생각하는 때야말로 가장 빠르고, 적절한 시기일 수도 있다. 전 세계적으로 친환경 에너지의 대체를 통한 탄소배출을 줄이는 적극적인 환경 정책이 절실하다는 것을 깨닫게 된 것만으로도 큰 다행이다.

공멸이 현실화될 수 있다는 위험을 인식한 것은 큰 성과다.

우리 사학도 일부의 일탈로 공멸의 위기에 처하고 있다. 여태껏 이러한 날이 오게 될 것을 여러 차례 예고했건만, 어떻게 되겠지라는 막연한 기대감이 오늘의 위기를 자초했다고 생각된다.

이제 사학은 사회적 공해로 취급받고 있다. 사학을 때리는 정책 발표는 여론의 지지를 받아 표로 연결되는 지경에 이르렀다.

시기가 늦었지만, 손 놓고 공멸을 기다릴 수는 없다.

친환경 사학으로 거듭 태어나기 위해 신선한 개혁의 바람을 일으켜야 한다.

세월호의 선장처럼 저들만 살겠다고 배를 버리고 탈출할 수는 없다.

초·중·고 사학법인 협의회란 중앙회가 선장 격인 컨트롤 타워다.

호랑이에게 물려가도 정신만 차리면 살 수 있다.

그간 충분한 자정의 시간이 있었건만, 소극적 대처로 인한 여론의 외면으로 오늘의 위기를 자초했다.

더 늦기 전에 공멸을 피할 수 있다고 생각하여 본인이 5년 전부터 줄기차게 주장한 4가지 제안

1. 비리 사학 신규 채용 강제 위탁.
2. 원하는 사학 감정평가에 의한 보상 후 공립화.
3. 학교시설 사용료 지급과 이사장 유급제.
4. 비리 사학은 원스트라이크 아웃제.

위 4가지 제안을 수용하는 용단을 내릴 것을 다시 한 번 촉구한다.

2021. 8 .19

학생인권조례, 이제 폐기하자

조전혁
(전 국회의원, 서울시 혁신공정교육위원회 위원장)

– 진보 교육감의 비리 총백서
학생인권조례, 이제 폐기하자

서울시 학생인권조례가 제정된 지 벌써 10년이 지났다. 학생인권조례는 제정 당시부터 비단 서울뿐만 아니라 전국적으로 논란을 불러일으켰다.

특히 종교계와는 성적(性的) 취향 등과 관련한 내용으로 갈등을 일으켰다.

그러나 보다 본질적으로는 '이 조례가 과연 교육적으로

바람직한가'에 근본적인 의문이 지속했으며, 그 부작용에 대해 많은 우려가 있었다.

그 부작용은 현재 진행 중이며 확대되고 있다. 이제 조례의 효용성이 근본적으로 부정되는 지경에까지 이르렀다.

왜 이렇게까지 추락하게 됐을까?

자유민주국가에서 인권 보호는 인류 공통의 가치다. 그런 점에서 인권 보호의 대상이 비단 학생뿐만은 아니다.

학생도 대한민국의 국민인 이상 일반국민이 누려야 할 헌법적 권리의 예외가 아니다.

학생의 인권은 헌법이 보장하고 법이 보장하는 것이다. 굳이 학생인권을 따로 떼서 조례로 제정할 이유가 있는가.

미성년자이자 특수신분인 학생으로서의 권리보장이 미

흡하다면 '학생인권'이 아니라 '학생권리'의 이름으로 보장하는 것이 구체성이 있고 교육적 목적으로도 바람직하다. 인권은 헌법과 법률로 보장하면 될 일인 것이다.

"학생인권과 학생권리가 무슨 차이가 있나?"며 항변할 사람도 있을 것이다. 인권은 기본적으로 무제한·무조건적이며 불가침의 권리다.

반면 권리는 제한적이며 책임과 의무를 수반한다는 점에서 두 권리 개념의 차이는 매우 크다고 할 수 있다.

따라서 학생인권조례는 조례의 핵심개념부터 잘못 정의하고 시작했다는 점을 지적하지 않을 수 없다. 시작부터 잘못되니 과정과 끝이 바를 수가 없다.

이런 이유로 많은 지자체들이 제정한 학생인권조례에 비교육적인 내용을 학생들의 권리로 규정하는 잘못을 범하고 있다.

예를 들어 우리보다 민주주의가 먼저 뿌리내린 선진 자

유주의 국가에서 '시험은 학생이 보장받아야 할 권리'로 인식되고 있다.

그러나 이 나라에서는 시험이 마치 학생을 차별하고 억압하는 기제로 인식되고 있다.

그러다 보니 학생인권선언에서는 학생들이 "양질의 교육을 받을 권리를 가진다"고 선언하지만 그러한 양질의 교육이 무엇이고 어떻게 평가할 것인지 도무지 알 수 없다.

공허하기 그지없다.

많은 교육전문가들은 최근의 급속한 학력저하의 한 원인으로 학생인권조례를 꼽기도 한다.

미국은 유아 및 초중등 교육은 학구 단위의 지자체 관할이다(서구의 많은 국가들에서도 미국과 사정이 비슷하다).

나는 학생인권조례와 관련한 논란이 있을 때마다 미국

최고의 학구로 손꼽히는 버지니아 주 페어팩스 학구(Fairfax Co.)의 '학생권리의무장전(Student Rights & Responsibilities)'의 조항들을 비교해 비판해왔다.

이 학구의 지역뿐만 아니라 서구의 많은 자치단체와 교육공동체는 학생의 권리뿐만 아니라 의무와 책무를 조례 또는 규칙으로 규정하고 있다.

배우는 학생이 미래 사회를 책임지는 교양시민으로 성장하기 위해서는 권리와 의무에 대한 균형 잡힌 의식을 가져야 한다.

권리를 내세우되 의무를 잊지 않고, 자유를 누리되 책임을 지는 사람이 소위 민주시민이자 공화국의 시민 아니던가.

서구의 민주주의는 사회화가 시작되는 학생 시기부터 학생으로서의 권리와 의무를 체화(體化)시킴으로써 싹을 틔운다. 그렇게 싹을 틔우는 '교육적 모판(板)'이 학생권리

의무장전의 규칙들이다.

페어팩스 교육구의 교육장전에는 "교사(뿐만 아니라 어른)의 말에 순종해야 한다"는 믿기 힘든 조항까지 있다. 아마 우리나라에서 이런 조항을 넣는다면 난리가 날 것이다.

그러나 그 어느 나라보다 개인의 자유와 권리에 대한 의식이 뚜렷한 미국에서도 이런 장유유서의 조항이 있다는 것에 놀라지 않을 수 없다.

이는 일반법에서는 상상할 수 없는 일이지만 교육이 우선이 되는 학생권리의무장전에서는 수천 년을 지켜 온 자연법적인(혹은 종교적인) 규범도 허용될 수 있음을 의미한다.

권리는 누구나 주장할 수 있지만 책무와 의무는 교육과 훈련의 결과다.

학생인권조례 문제는 집중적인 교육과 훈련이 필요한 학생으로서의 책무와 의무에 대해서는 단 한 줄의 조항도 없다는 데 있다.

일례로 서울의 학생인권조례를 보면 특성화고등학교 학생들의 현장실습 업무와 관련해서 노동권에 관한 교육을 실시하도록 규정하고 있다.

그러나 학생들에게 근로윤리나 직무에 대한 책임감 등과 같은 책무에 대해서는 일절 언급이 없다.

학생인권조례의 문제점을 일일이 지적하려면 한두 개가 아니다.

학생에게는 인권이란 이름으로 거의 무제한적인 권리를 누릴 수 있는 것처럼 서술하고, 학교와 교사, 나아가 사회에는 학생인권 보장의 책임만을 지우는 것은 공정하지 못하다.

최근 교육개발원의 조사에 따르면 교사들도 반발하고 있다. 교사의 거의 과반이 교권추락의 원인으로 학생인권조례를 지목하고 있다.

　교권 추락은 결국 진정으로 보호되어야 할 학생의 교육 받을 권리의 침해로 직결된다.

　나아가 학생인권조례의 부칙을 보면 인권보장의 명분 으로 각종 옥상옥 제도를 만들고 행사를 벌이도록 규정하 고 있다.

　이 때문에 행정낭비가 심하다. 교육 본연에 쏟아야 할 교육자원을 이런 식의 소모성 행사와 보고서들을 작성하 기 위해 배분하는 것 역시 교육적이지 못하다.

　경기도에서 학생인권조례를 최초로 제안할 때 참고한 것이 뉴욕시 학생권리의무장전(New York City Student Rights & Responsities)이라고 한다.

　알다시피 뉴욕 시는 미국에서도 가장 진보적인 지역 중 의 하나이다. 이 나라의 학생인권조례가 뉴욕의 교육장전을 참고했다고 어디 가서 말하지 말기 바란다.

어떻게 하면 이렇게 교육적 알맹이는 다 빼먹고 소례납 시고 만들었는지 그 재주에 혀를 내두르게 된다.

학생인권조례는 이제 폐기해야 마땅하다. 조례가 그렇게 필요하다면 베꼈다는 소리를 들어도 좋으니 페어팩스 교육구나 하다못해 뉴욕 시 교육구의 '학생권리의무장전' 을 가져와 제정하라.

대국민 호소문

박선영
(전 국회의원, 대학교수, 21세기교육포럼 대표)

국가의 근간인 교육이 속속들이 썩었습니다.

이 글은 대한민국 국민 모두에게 전해드리고픈 간곡한 호소문입니다. 지금 제 가슴을 가득 채우고 있는 대한민국 교육에 대한 혁신 의지는 다름 아닌, 슬픔과 분노 위에 자리 잡고 있다고 말씀드리고 싶습니다.

경제가 무너져도 너불어 고치고 노력하면 재건할 수 있습니다. 안보가 흔들려도 온 국민이 끝까지 단결하면 외적을 물리칠 수 있습니다. 그러나 30년 동안 조금씩 알게 모르게, 시나브로 망가져 버린 교육은 이제 개인과 가정, 사회와 국가를 돌이킬 수 없는 절망에 빠뜨리고 있습니다. 교육은 국가 존속을 위한 선택이나 조건의 문제가 아니라 본질이자 전부이고, 국가영속을 위한 뿌리이자 기둥입니다.

교육의 본질이 썩어 국가의 근간이 흔들리고 문드러졌는데도 버틸 수 있는 것은 세상에 존재하지 않습니다.

이제 시간이 얼마 남지 않았습니다. 부디 정치적 진영논리를 내려놓으시고 우리가 처한 급박하고 끔찍한 위기를 함께 고민해 주십시오.

초토화된 공교육

공교육은 이미 오래전에 붕괴하였습니다. 유익한 경쟁은 죄악시되고, 실력과 꿈을 생산해야 할 교육 현장은 남 탓과 자기 비하를 전염시키는 어두운 장소로 전락했습니다. 학생은 교사를 멸시하고 교사는 교장에 맞서 투쟁합니다. 교사와 교사가 반목하고 교실은 선동과 거짓이 횡횡합니다.

세계 상위권인 줄로만 알았던 대한민국 학생들의 학업능력은 언제부터인지 추락에 추락을 계속하고 있습니다. 교권이 땅에 떨어진 교사들은 신념과 의욕 대신 자괴감과 낙담으로 자살까지 생각합니다.

학년마다 달라지는 입시제도는 학원만으로 모자라 입시컨설팅 회사들의 배를 불리고 있습니다.

몰개성과 기계적 평등이 지배하는 학교는 학생들에게 무의미해졌습니다.

우수한 학생들은 수업의 질에 실망해 학원으로 가고 부진한 학생들은 수업을 쫓아가지 못해 학원으로 갑니다. 학교폭력은 잔인한 폭력을 넘어 성폭력으로까지 이어지

고 가해 학생의 인권을 보호한다는 미명 하에 피해 학생
과 그 가족의 고통은 아무런 보호장치도 없이 내팽개쳐지
고 있습니다.

한숨과 눈물, 불안과 한탄만 가득합니다. 공교육이 초
토화되었습니다.

전교조 30년의 결과: 꼴찌 서울교육

조희연 현 서울시 교육감을 위시한 전교조 교육감들과
전교조 교사들이 지난 30년 동안 대한민국의 교실을 자신
들의 어리석고 비윤리적인 정책 실험실로 만들어 버렸기
때문입니다.

자신의 오른팔인 비서실장이 뇌물 비리로 징역 6년의
실형을 살고 있는 것을 조희연 교육감은 알고 있습니까?

2016년 학업성취도 평가에서 자랑스러운 우리 대한민국의 수도 서울은 전국 최하위였습니다. 기초학력 미달 학생 비율은 6%에 달해서 0.9%의 1위 울산에 비해 무려 여섯 배 이상이나 높았습니다. 사교육비는 39만 원을 초과해 전국 최고입니다. 반면에 사교육 참여율은 76.7%로 전국 수석입니다.

30년 동안 교육비라는 명목하에 부모의 고혈을 짜낸 결과 이제 대한민국 젊은이들은 결혼도 하지 않으려 하고, 결혼해도 아이도 낳지 않으려고 합니다. 대한민국의 현재 모든 문제점의 근원에는 잘못된 교육이 자리 잡고 있습니다.

교육의 질을 향상시키는 데에는 투자하지 않고 교육 포퓰리즘을 공약하고 실현하기 위해 전교조 교육감들이 서울시민의 혈세를 쏟아부은 결과가 바로 이렇습니다.

3년 동안 유죄인 신분으로 사신 조희연 후보. 선거법 위반으로 1심에서 당선무효형에 해당하는 유죄판결을 받은 뒤 2심의 '선고유예판결(무죄가 아니라, 2년 동안 형사법을 어기지 않아 2017년에 '면소 처분'을 받음)'로 간신히 기사회생한 조희연 후보는 알고 있습니까? 44%에 이르는 서울의 청소년들이 학교폭력이 두려워 등교 거부 충동을 느꼈고 21%는 자살까지 고려했다고 합니다.

학생끼리의 성추행과 성폭행은 지속적으로 증가하고 있고, 지난 3년 동안 똑같은 가해자와 똑같은 피해자 사이의 학교폭력이 240건이 넘는다는 통계도 있습니다. 교육이 실종했다는 단적인 증거입니다.

게다가 서울시 교육청은 맑지 않습니다. 2015년, 2016년 2년 연속 서울시 교육청은 청렴도 평가 최하위였습니다. 이것이 짧게는 조희연 교육감 4년, 길게는 전교조 교육 30년의 성적표이자 결과입니다.

학생들을 특정 세력의 정치적 희생양으로 만든 전교조

소중한 우리 학생들은 리트머스 시험지가 아닙니다. 미래를 짊어질 우리의 자녀들이 실험 대상이 되어서는 안 됩니다. 이념의 노예가 되어서는 안 됩니다. 특정 집단의 정치적 목적 달성을 위해 학생들을 농락한다면 그들은 단연코 교육자가 아닐 것입니다.

우리의 미래세대인 학생들은 자유민주주의 사회의 일원으로 자신의 원하는 인생을 살 수 있도록 교육현장을 대대적으로 재건해야 합니다. 각자 자신의 재능을 마음껏 펼치도록 부단히 도와주어야 합니다. 자유인으로 온전한 인격체로 성장하도록 학교가 그 발판이 되어야 합니다.

기성세대인 우리는 목숨처럼 책임지고 우리 자녀들을 교육해야 합니다. 자유와 경쟁은 개인의 역량과 행복을 키우고 사회의 발전을 이끄는 가장 기본적인 가치입니다. 자유에 먹칠하는 방종과 무자비한 경쟁만능주의는 막아야 하지만, 모든 경쟁을 죄악으로 몰아붙이는 전교조식 획일주의는 전체주의적 세계관에서 자라는 악성 종양일 뿐입니다.

내로남불의 조희연 교육감

악보다 더 사악한 것은 위선입니다. 조희연 서울시 교육감이 분명 악인은 아닐 것입니다. 그러나 그는 자신의 바람과는 달리, 위선적인 교육시스템의 폐해 속에 우리의 아이들을 방치하거나 장기 구금하고 있습니다. 자신의 두 아들은 외고를 졸업시켜 놓고, 이제 와서 자사고와 특목고를 폐지하겠다고 합니다.

특목고를 때려잡겠다고 합니다. 백년지대계는커녕, 유효기간이 1년도 되지 않는 선심성 교육정책들을 남발하고 있습니다.

학교를 학교답게

  도전과 성취의 꽃을 피우는 자유민주주의 교육을 완성하기 위해서라도 자사고와 특목고는 유지되어야 합니다. 학교마다 특성과 학풍, 자율을 살려야 헌법 제31조가 실현됩니다. 열심히 공부하는 학생들의 정당한 기회를 박탈하는 교육제도는 마땅히 폐지되거나 수정되어야 합니다. 부모의 경제력이나 정보력에 따라 자녀가, 학생이 희생되는 일도 없어야 합니다. 부유한 집 자녀들만이 수준 높은 교육을 독점하고 대물림하는 일을 전교조 교육감과 전교조 정권들이 해왔음을 우리는 똑똑히 알고 있어야 할 것입니다.

사립학교 정체성 확립을 위한 제언

이경균
(사학중앙회 사무총장)

사학의 현실

　정부가 코로나로 인하여 자영업을 하시는 사업자에게 재난지원금을 지급했다고 자영업자 사업장 직원을 정부나 지방자치단체가 채용해 배치한다면 나라가 어떤 나라일까? 대한민국이 처한 현실에 비추어 이런 끔찍한 상상을 하게 되는 것은 현재 사학이 처한 현 정부의 사학 말살정책 때문이다. 국가는 중학교 의무교육, 고등학교 평준화, 무상교육 정책에 사립학교를 강제로 포함시켜 학부모에게 지원하게 되는 수업료 지원금을 행정 편의상 사립학교에 재정보전하면서 이를 빌미로 공공성을 내세우면서, 사립학교의 운영의 기본권을 모두 앗아가 버렸다.

사립 중·고등학교에 교육청이 신입생을 강제 배정하면서 학교에 수업료를 재정보전하고 수업료 징수권, 교육과정 편성권을 박탈하고 학교법인 구성권과 건학이념 구현 등이 제한받고 있고 이제는 인사권까지 교육청에 가지고 가버렸다.

특히 신규교사 채용 시 1차 필기시험을 교육청에 강제 위탁토록 사립학교법 개정(2021. 9. 24.)으로 명문화되기 이전(2021. 3. 12.)에 이미 경기도지사, 경기도교육감, 도의회장, 민주당 대표 4명은 사립학교 신규교사 채용 시 1차 필기시험, 2차 실기시험, 3차 면접시험까지 교육청에서 실시한 후 최종 합격자를 사립학교에 배치하겠다고 협약서와 행정 지시 사항 협약서를 체결하였으며, 이를 근거로 경기도교육청은 법적 근거 없이 협약 내용에 따라 공문 지시(2021. 7. 23.)로 사립학교에 신규교원 배치를 하겠다며 사립학교를 공립학교와 구분할 수 없게 만들었다.

일부 사학의 비리를 빌미로 공공성을 확보하고 우수 인재 채용을 통해 교육의 질을 개선하고 사학의 투명성을 상화한다고 온갖 미사여구를 동원했지만 정작 당사자들은 비리의 온상이 되어 있음이 요즈음 만천하에 드러나고 있다.

경기도교육청은 비서실장이 형사처벌을, 자유민주주의와 시장경제 가치를 훼손하고 헌법정신에 어긋나는 사립학교 신규교원 채용하여 배치하겠다는 입법을 제안한 경기도지사는 4대 전과에 표현하기 힘든 비리들이 나열되고 있다.

같은 논리라면 이들 자리도 도민에게 즉시 위탁하여 뽑아서 배치하여야 하지 않을까?

학생 수가 급증하지만 재정이 빈약했던 1960~80년대의 정부는 수익용기본재산 부족은 물론 교육용기본재산이 기준에 부족하였어도 학교 설립을 인가하는 등 사학 설립을 적극 권장하여 국가와 지방자치단체의 업무를 사학에 떠

넘기었다.

이제 학생 수는 급감하고 시설이 남아돌자 학교 경영의 주체인 학교법인의 권한은 모두 앗아버렸고 학교 경영을 국가와 지방자치단체가 좌지우지하는 정책만이 판치더니 해괴한 공영형 사립학교란 단어까지 나왔다.

사립학교나 공립학교도 아닌 공영형 사립학교라는 세계 어느 나라에도 없는 학교가 생겨났다. 공영형 사립학교라고 명명하여 학교에 교육청이 이사를 파견시키고 예산까지 주면서 나중에 어떻게 하겠다는 계획도 없는 신종 학교를 만들어 사립학교를 위협하고 있다.

그냥 시설 환경이 어려운 사립학교부터 예산을 지원하면 될 것을 자기편 사람 위주의 이사까지 파견하면서 학교법인의 경영 재량권을 넘나드는 것이다.

학교법인 구성에 개방이사 할당, 친인척 이사 배제, 이사 해임권 등에 대해 법원이 아닌 행정기관 관할 등 사학의 정체성은 이미 많이 훼손되어 있다.

기기에 힉교법인이 유지·경영하는 학교에 대해서도 세계 각국에서 유래를 찾아볼 수 없을 정도로 학교 경영에 국가와 지방자치단체가 관여하고 있다.

학교 설립자들은 건학이념에 따라 우수한 학생을 선발하여 적정한 수업료를 통해 건학이념에 맞는 교육과정으로 다양한 인재를 양성하고 국가 발전에 기여코자 하였으며, 학교법인도 대기업과 같이 학교에 대한 주인의식을 갖고 건학이념에 맞는 우수 교직원을 선발하여 지역사회, 국가의 명문학교로서 육성하는 게 꿈이었다.

헌법정신인 「능력에 따라 균등한 교육을 받을 권리」를 절대적 평등으로 본 평준화 정책으로 인하여 사립 중·고등학교도 공립학교와 똑같은 잣대로 운영되도록 하는 과오가 발생하였다.

능력에 따르라는 조문을 상대적 평등임을 간과했다고

본다. 이와 같은 이유로 하향평준화라는 정책 비판을 받으면서도 자사고 등 특목고 폐지를 추진한 문재인 정부의 교육정책은 결국 국가 미래를 암울하게 할 뿐이라고 본다. 문재인 정부 출범 시 그토록 사학 적폐를 외치던 사람들 중 많은 사람들이 법의 심판을 받고 있다.

일부 사학의 비리에 대하여는 현재에도 형사처벌은 물론 행·재정적 처벌과 심지어 관선이사 파견으로 학교경영권마저 박탈되고 있다. 있어서는 안 될 비리지만 일부의 비리를 침소봉대하고 확대 재생산하여 사학의 위상을 추락시키는 것은 교육계 전반에 도움도 안되고 바람직하지도 않다.

시급한 사학의 정체성 확립 방안

사학인들은 이제 절망 속에 탄식으로 하루하루를 보내고 있다. 왜 학교를 세웠는지? 무엇을 위해 학교를 경영하는지? 정부는 왜 사학을 적폐로 보고 경영권마저 앗아가

늦지? 왜 학교경영자와는 협의 없는 사학정책과 사학 관련법이 만들어지고 있는지? 사학에 세금을 부과하는 이유가 무엇인지?

왜 중대재해처벌법의 처벌 대상으로 감옥 가야 되는지? 모두가 자괴감만 가지고 있어야 하는 현실이 매우 안타깝다.

이런 사학을 둘러싼 교육 환경을 확 바꾸어 사학의 정체성 확립이 시급하다.

첫째, 대한민국에 사학다운 사학이 존재할 수 있는 교육 환경으로 확 바꾸어야 한다.

규제 위주의 사학 관련법을 지원 위주로 확 바꾸어야 한다.

사학을 옥죄는 사립학교법을 사학진흥법으로 대체하고 사립학교와 관련 있는 교육정책·입법에는 반드시 학교경영자와의 거버넌스를 통해야 한다. 국가와 지방자치단체가 가지고간 학교경영권을 사학인에게 모두 되돌려 주고 공립학교와 사립학교의 차이를 분명히 하여야 한다.

교육청에서 최종 합격자 교원을 선발해 사립학교에 배치하려면 국가는 사립학교를 먼저 매입하여야 한다.

학교법인 구성권과 건학이념 구현권, 신입생 모집권, 교육과정 편성권도 학교법인에게 완전하게 되돌려 주고 재정 지원을 빌미로 공공성만 강조하는 시스템을 벗어나 수업료는 바우처제도로 바꾸어야 한다. 더불어 납득하기 어려운 사학비리는 엄격하게 처벌하여야 한다.

둘째, 사학법인에게 부과하는 과중한 부담을 확 없애야 한다.

인긴비와 학교 운영비는 재정보전하면서 설립 당시에는 없었던 교직원의 4대 보험금의 반을 학교법인에 강요하고 학교부동산에 세금을 부과하는 재정 부담을 확 없애야 하다.

또한 중대재해처벌법에시 선진국과 같이 경영자는 기관이 감옥 가게 하는 것이 아니라 안전 관리와 보험 등으로 고용안전을 도모하여 책임 부담을 경감해야 한다.

법인회계에 돈이 없으면 학교법인은 소송도 할 수 없는 교직원 관련 소송에 소요되는 비용도 학교회계에서 부담하게 하여야 한다.

학교경영자 라면서도 노조 협상은 감독청에서 지휘하지 말고 학교경영자에게 맡겨야 한다. 사회주의 국가인 중국에서조차 민판촉진법 제19조에 의무교육이 아닌 사학은 영리·비영리를 선택할 수 있도록 사학의 자주성을 보호하고 있다.

셋째, 다양한 인재 양성을 위해 사학의 특성을 살리도록 해야 한다.

사학에서 다양하고 우수한 인재를 양성토록 하여 미래 4차 산업사회를 대비하고 국가의 미래를 이끌 다양한 분야의 지도자를 양성하도록 하여야 한다.

세계의 모든 나라의 공통된 사학 특성이기도 하다. 사학의 특성은 곧 다양한 인재 양성임에도 절대적 평등에 묶여있는 자사고·특목고의 폐지 등 우민화 정책에서 벗어나야 한다.

넷째, 사립학교의 해산 등의 정리도 꼭 해야 한다.

학생 수의 급감으로 학교 운영의 곤란은 물론 교육과정 운영의 어려움으로 학생들에게 막대한 학습 지장 등 여러 가지 문제를 해결하기 위하여 소규모 사립학교의 해산도 절실하다.

또한 사립 중·고등학교의 통합 운영도 추진해야 한다. 또한 지역특성과 여건을 감안하여 학교법인을 다른 공익법인으로 전환시켜 국가와 지역 발전에 이바지할 수 있는 여건 마련도 병행해야 한다.

끝으로, 사학인에게 정당한 대우를 해야 한다.

국가를 대신하여 교육의 한 축으로 학교를 운영해온 학교경영자에게는 상응한 정당한 대우를 하여야 한다. 그리하여 학교를 경영하는 자부심과 동기부여로 국가 발전에 기여토록 하여야 한다. 우수한 인사를 영입할 수 있는 토대가 되어야 한다.

국가 원로나 유공자로서의 품위유지 대우는 물론 월 급여가 없어 4대 보험의 대상자도 못되는 학교 이사장 등에게 상응하는 재정적 대우도 해야 한다.

학교 경영의 책임과 의무만 지우고 권한은 박탈한 학교경영자에게 철학과 소신으로 학교를 경영할 수 있도록 제반 법적·행정적 대우를 하여야 한다.

유기홍 의원에게

아래 유기홍 의원의 서한은 사립학교법 날치기 개악에 대해 스스로 헌법 31조에 명시된 사학의 자주성을 말살한 행위임을 시인하는 내용이다.

헌법 제31조 제4항에서는 "교육의 자주성·전문성·정치적 중립성 및 대학의 자율성은 법률이 정하는 바에 의하여 보장된다"라고 규정하고 있다.

야밤에 여당 의원만으로 변칙 날치기 통과시킨 절차적 모순을 스스로 인정한 것이기도 하다. 이재명 후보가 당선되면 대통령령으로 사학 신규교사 채용 시 필기시험을 면제하겠다고 했다. 이미 2010년에 법제처의 유권해석도 필기시험은 면제해도 된다고 했다. 교육부 장관이 중등교사 자격증을 수여했기 때문이다.

2중 3중의 위법한 강제 규정으로 필기시험 강제 위탁은 엄연한 불법이다. 유 의원은 아래 서한에서 약속한 모든 사항에 대해 즉각 이행하기 바란다.

○○○ 이사장님께

안녕하세요. 더불어민주당 교육특별위원회 위원장이자, 이재명 후보 선대위 교육대전환위원회 위원장을 맡고 있는 국회의원 유기홍입니다.
저는 국회의원 3선을 하는 동안 줄곧 국회 교육위원회에서 활동했고, 교육위원장을 역임하기도 했습니다.

과거 우리나라는 식민지와 전쟁을 겪으며 국가가 교육을 미처 다 책임지지 못하는 상황에서, 사립학교가 그 역할을 대신했습니다. 지금도 여전히 중학교의 19.5%, 고등학교의 39.8%, 대학의 86.6%를 사학이 담당하고 있습니다. 이에 따라 우리 교육은 국공립과 사립학교가 함께, 두 개의 수레바퀴로 같이 이끌어온 구조였다고 생각합니다. 공교육의 내실화를 위해서는 사학발전이 더없이 중요하며, 이를 위해 다음과 같이 저와 이재명 후보의 생각을 말씀드리고자 합니다.

첫째, 국공립 학교와 더불어 사립학교에도 환경개선 등을 위한 적극적인 지원을 하겠습니다. 제 경우, 관악구의 영락고등학교(영락학원), 서울관광 고등학교(관악학원), 서울여자상업고등학교, 서울문영여자중학교, 서울문영여자고등학교(문영학원)에 국공립과 전혀 차등을 두지 않는 지원을 해왔습니다. 앞으로도 시도교육감 협의회와 지속해서 협의하여 국공립과 사립의 차이를 두지 않고, 공교육의 정상화를 위한 적극적인 지원을 하겠습니다.

둘째, 최근 국회를 통과한 사립학교법에 대해 일부 잘못 알려진 내용이 있어 설명드리고 싶습니다. 개정법률의 취지는 신규 교원을 채용할 때, 객관적인 영역이라고 할 수 있는 필기시험을 교육청에 위탁하여 교사 채용의 공공성을 강화하고자 하는 것입니다. 이미 사립학교의 63.2%(20년 기준)가 시도교육청에 1차 필기시험을 위탁하고 있으며, 매년 그 비율이 늘고 있습니다. 면접시험 등 그 이후에 이루어지는 절차를 통해 학교가 건학이념에 맞는 적격자를 선발하실 수 있으므로 교원선발에 있어 사학의 자율성을 침해하는 것이 아니라는 점을 강조하고 싶습니다.

또한, 향후 규정될 대통령령에 따라 필요한 경우에는 필기시험을 치르지 않거나, 위탁하지 않을 수도 있습니다. 자칫 이 제도가 건학이념을 실현하는데 장애가 되지 않도록 교육부 및 시도교육청과 협의하여 사학 운영의 자율성과 공공성의 조화를 위한 제도 운영에 만전을 기하겠습니다.

셋째, 사립대학의 자율성을 지금보다 더 높이겠습니다. 1996년 제정된 대학설립·운영규정이 대학의 자율성을 과도하게 침해하고 있습니다. 재산처분 등 사학의 자율성 강화를 위해 연내 개정을 목표로 교육부와 지속적인 협의를 해나가겠습니다.

마지막으로, 사학발전을 위한 제안이 있으시다면 언제든지 고견을 전해주시길 부탁드리겠습니다.

앞으로도 대한민국 헌법 제31조에서 정하고 있는 '교육의 자주성, 전문성, 대학의 자율성'과 사학의 건학이념이 지켜질 수 있도록 최선의 노력을 다하겠습니다.

감사합니다.

2022. 2. 21.
교육대전환위원회 위원장 유기홍

[답신] 유기홍 의원님께

의원님께서 그동안 사립학교에 대한 지방세법과 지방세특례제한법을 대표발의해 주셔서 감사드립니다.

의원님께서 사립학교 이사장님들께 보낸 사학에 대한

이재명 후보의 입장과 의원님께서 위원장 대안(2021. 8. 25.)으로 통과시킨 개악된 사립학교법에 대한 인식은 견강부회의 수준을 넘어 전 사학인들의 분노를 자아냅니다. 의원님께서 잘 아시는 사립학교법의 개악된 경위를 설명드리겠습니다.

21대 국회에 들어서 민주당 의원들의 주도로 사학의 자율성을 말살하는 위헌·위법한 사립학교법 쪼개기 개정안이 무차별적으로 발의된 사실을 잘 알고 계실 겁니다.

사립학교법 개정 전 이미 2021년 3월 12일 자로 경기도 도지사, 경기도교육감, 경기도의회 의장, 경기도 도의회 민주당 대표가 모여 사립학교 교직원의 공개채용 1차 필기, 2차 실기, 3차 면접시험 모두를 교육청에서 실시하여 사립학교에 배정하겠다는 업무협약을 맺고, 이를 2021년 7월 23일 자로 공문으로 시행하여 추진하였습니다.

이를 시작으로 민주당은 사립학교법을 개정하여 1차 시험을 교육청에 강제 위탁하는 법안으로 만듦으로써 국회가 경기도의 하수인 꼴이 되었습니다.

경기도처럼 법에 규정이 없는데도 1, 2, 3차를 강제 위탁 시키는 불법적 행정행위를 국회에서 시정하기는커녕, 오히려 1차 시험을 교육청에 강제하는 사립학교법을 민주당 주도로 통과시켰습니다.

교육의 한 축을 담당해온 사학법인 측과 그리고 법 개정으로 인해 학교경영에 어려움을 겪을 사학경영자와는 단 한 번의 토론회나 협의회도 없이, 교육위원장 교체 발표 후 민주당 의원들이 쪼개기 발의한 사립학교법 개정안을 위원장 대안으로 발의한 후 여당 단독으로 야밤에 교육위, 법사위를 통과시켰습니다.

얼마나 다급하고 졸속으로 처리하였는지 교육위원회 통과 5일 만에 법사위에서 수정되어 민주당 단독으로 2021년 8월 31일 가결되었습니다.

민주당은 2005년 12월 9일 전 사학인들과 7대 종단 대표들이 한목소리로 사학의 자주성을 말살하는 민주당의 사립학교법 개정안을 반대했는데도 불구하고 현정부가 그처럼 강조하는 절차적 정당성을 위해 사학경영자들과 단 한 번의 공청회도 없이 날치기 통과시켜 사학의 자율성과 구성원들의 자존감을 훼손시킨 바 있습니다. 이를 반복하는 구태는 여전합니다.

개정된 사립학교법은 학교법인 이사회 기능을 무시한 학교운영위원회를 자문기구에서 심의기구화, 사학 신규교원 채용의 교육청 강제 위탁, 사학의 자주적 인사권과 징계권을 관할청이 직접 관여 등 반헌법적이고, 자유민주주의와 시장경제의 가치를 정면 부정하는 내용으로 이를 대통령께 재의요청하였으나 한마디 언급없이 지난해 9월 24일 공포되었습니다. 사학의 존폐가 걸린 개정 사립학교법에 대하여 사학경영자들은 분노와 울분을 머금고 헌법소원 중입니다.

의원님께서 잘 아시는 바와 같이 지난해 21대 국회에서 수많은 교육 관련법이 발의되었습니다. 이중 소규모 영세 사립학교 해산을 위한 퇴로 마련 법안과 법정부담금을 납부할 수 없는 형편임을 감안하여 법정부담금 미전출에 따른 학교운영비 삭감 금지 법안, 그리고 사립학교 신규교원 채용을 위한 사립학교의 교원임용권자가 공동 관리할 수 있는 법안 등이 발의되었으나 민주당의 반대로 논의조차 못하고 오로지 공공성만 강화하고 정부의 규제와 사학 자율성만 훼손하는 법안만 통과되었습니다.

의원님께서 사립학교의 63.2%가 시·도교육청에 1차 필기시험을 위탁하고 그 비율이 매년 늘어가고 있다고 하셨습니다.

그렇습니다. 앞서 말씀드린 바와 같이 경기도교육청을 비롯하여 거의 대부분 시·도교육청에서 사립학교 신규교원 채용과 관련하여 위탁채용시 법인평가 가산점 부여, 법인의 법정부담금 전출 실적, 감사권을 발동, 부당결부하여 학교법인의 단독채용은 가로막고 1차 필기시험 위탁을 교육청에 끈질기게 깅요해온 결과입니다. 개정된 사립학교법과 시·도교육청의 부당한 행정행위가 날로 증가하여 사립학교 운영 자체에 대한 사학경영자들의 회한이 날로 심각한데도 개정된 사립학교법이 사학의 자율성을 침해하는 것이 아니라는 의원님의 말씀에 동의하기 어렵습니다.

앞으로 규정될 사립학교법 시행령에 교육부 및 시·도교육청과 협의하여 자율성과 공공성의 조화를 위한 제도 운영에 만전을 기하겠다고 하셨습니다.

의원님께서 대안으로 발의한 사립학교법 개정안에 대하여 사학의 자율성을 침해하는 사립학교법 철회를 요청하는 사학인들의 1인 시위를 국회 앞에서 2021년 8월 23일부터 진행하였습니다. 이때 교육부 고위 간부가 2021년 8월 24일, 시위 장소를 방문하여 시행령에 신규 교원 공동채용 등을 보장하겠다고 구두설명을 하였습니다.

이후 교육부에서 사립학교법 시행령 협의를 위하여 2021년 10월 8일 사학 관련 담당관 외 5명이 협의회 사무실을 방문, 사립학교법 시행령에 학교법인이 공동으로 공개전형을 실시하도록 하겠다고 약속하였는데 전교조의 사학법 개정 취지를 훼손말라는 2021년 11월 2일 성명서 한

마디에 교육부는 본 협의회와 당초 약속한 사항을 모두 삭제하고 전교조안을 수렴한 개정안을 입법예고하였습니다.

의원님께서 밝히신 바와 같이 건학이념을 실현하는데 장애가 되지 않도록 제도운영에 만전을 다하겠다는 약속을 지켜주시기 바랍니다.

법 개정 전에 사립학교 교직원의 시험을 1, 2, 3차 모두 교육청에서 실시하여 사립학교에 배정하겠다고 주도했던 경기도 관계자 여러분들의 면면을 살펴보면 경기도 교육감 비서실장이 비리에 연루되어 구속되고, 이재명 경기도 도지사의 비리 의혹 정황은 차마 입에 담을 수도 없을 정도입니다. 이런 분들이 과연 사립학교 개혁을 운운할 수 있을까요?

사립학교의 비리는 단호히 척결되어야 합니다. 극히 일부 학교의 비리를 빌미로 건전한 사립학교까지 비리의 온상으로 덧씌워 사학의 자율성을 말살하는 국회 입법의 횡포는 이제 사라져야 할 것입니다.

끝으로 의원님 지역구의 사립학교에 대한 헌신적 지원에 대하여 다시 한번 감사드립니다. 사립학교에 대한 환경지원 예산은 학교시설의 노후도와 환경개선의 필요성에 따라 행정관할청이 판단하여 배정하는 것이 마땅합니다.

교육위원회 상임위 소속 국회의원의 능력에 따라 예산배정이 될 경우, 자칫 다른 상임위 소속 의원들에게는 배정되어야 할 예산이 적어질 수도 있습니다.

위와 같은 사안으로 의원님께 서신 드리게 되어 참으로 만감이 교차합니다. 의원님께서 그동안 겪어온 사립학교의 현실과 입법과정 등을 이해하시는데 조금이나마 도움이 되길 원하면서 간곡한 마음을 담아 전합니다.
감사합니다.

2022. 2.
사단법인 한국사립초중고등학교법인협의회

[제 5 장]
교육정책 제안

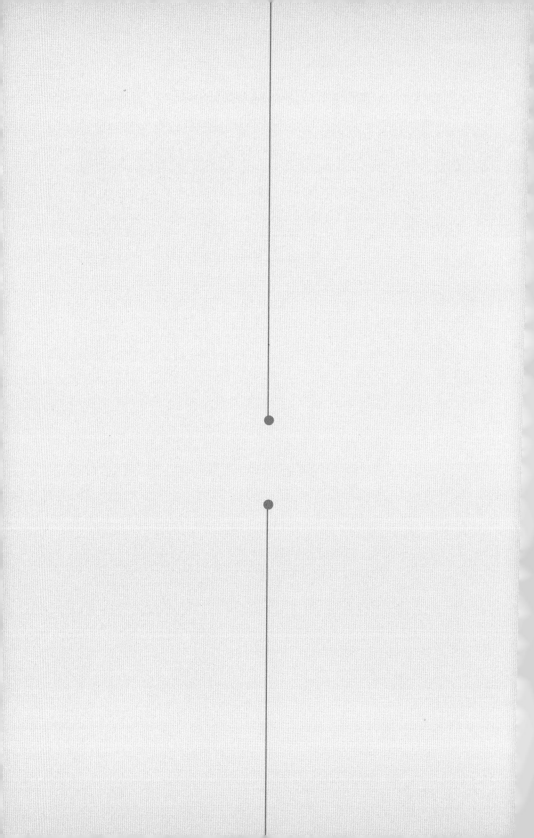

대학입시의 수시/정시전형 적정 선발 비율에 대하여
- 정시 100% 공약의 문제점

가. 대입 선발시험의 변화

80년대 초 이전의 대입 정책은 '**대입예비고사+본고사**' 체제였다. 대학들이 지나치게 본고사를 어렵게 출제하면서 학교 수업 불신과 사교육 의존 심화 등의 문제가 발생하였다.

이에 군부정권은 1980년 7월 30일 '교육 정상화 및 과열과외 해소방안' 발표를 통해 본고사를 폐지하고 1982학년도 대입부터 '대입학력고사'로 이름이 바뀐다.

'대입학력고사'는 학교 교육 파행 문제를 일정부분 해결하였지만, '몰래바이트'가 성행하고 시간이 지나면서 '암기된 지식'을 묻는다는 비판을 받게 되었다.

　또한 '대입학력고사'는 점수 서열만으로 학생 선발을 제대로 할 수 없다는 불만이 누적되기 시작했다. 이후 과외 금지 조치가 흐지부지 해제되면서 학력고사 위주의 표준화된 단일시험으로 입시경쟁은 더욱 심해졌다는 평가이다.

　이에 1994학년도 대입부터 '대학수학능력시험(수능)'이 도입되었고, 동시에 논술고사를 포함한 대학별고사가 도입되었다.

　대학수학능력시험은 범교과적인 '고등사고 능력'을 평가하고, 개별 교과 지식이 아닌 '범교과'적인 사고력을 평가하는 시험으로 평가되어 현재까지 시행되고 있다.

구분	1969~1981	1982~1993	1994~현재
제도	대입예비고사 + 본고사	대입학력고사	대학수학능력시험
도입 배경 (장점)		-.교육 정상화 및 과열 과 　외 해소 -.과외 금지(이후 흐지부 　지되어 허용함)	-. 암기된　지식에서 　고등　사고능력을 　평가하는 시험 -. 논술고사를　포함 　한 본고사 허용
단점	-.입학 부정 -.무자격입학 -.사교육 유발	-. 단편적인 교과 지식을 　묻는 객관식 선다형(암 　기된 지식의 평가) -. 중등교육의　획일화(점 　수 서열화)	-.EBS에서 60~70% 　반영

나. 수시/정시전형 도입 배경과 경과

　수시전형은 김영삼 정부에서 서울대학교 폐지와 함께 검토
하여 도입한 정책으로, 1997학년도 대입부터 모집인원의 1.4%
로 미미하게 선발히기 시작했디. 김대중 정부가 출범한 후 이
해찬 교육부 장관이 '무시험 대학 전형' 교육개혁을 추진하
면서 2002학년도 대입전형부터 수시전형으로 29.8%로 대

폭 늘려 선발하였다. 또한 정시 모집규모도 4개에서 현재와 같이 3개 군으로 줄였다.

노무현 정부에서는 앞선 수시/정시의 정책 기조가 이어졌고, 수시전형 비율이 50%를 넘겼다.

특히 주목할 것은 2008학년도부터 입학사정관제를 도입하였다. 학교 현장에서는 교사의 권한이 강해지고 공교육 강화에 긍정적인 영향이 있었다는 평가이다.

그러나 입학사정관제 전형의 확대는 논문참여, 해외 봉사 등 일련의 스펙 쌓기 열풍이 불기 시작했다.

이와 같은 현상은 '조국 사태'와 같이 교수 자녀나 부유층의 전유물이 되었고 일반 서민들의 자녀가 접근하기 어려운 경우가 대부분이라 다시 비판과 개선의 대상이 되었다.

이후, 이명박, 박근혜 정부에서는 입학사정관제의 불공

정 문제를 해소하고자 입학사정관제를 학생부종합전형(학종)으로 명칭을 바꾸고 문제로 지적되었던 외부 스펙 반영을 축소하기 시작했다.

2011년 수시 비중이 60%를 넘어섰고, 2016년 박근혜 정부의 입시에서는 수시 비중이 70%를 넘기게 되었다. 문재인정부 시절 2020학년도 입시에서 수시는 77.3%에 달했다.

문재인 정부는 고교학점제 시행과 함께 '학종의 확대'와 '수능 절대평가' 도입을 강력하게 추진하였다.

그러나 2019년 일명 '조국 사태'로 학생부 종합전형의 불공정성 문제로 전 국민이 분노하였고 수시의 불신이 확산하였다.

문재인 대통령은 여론의 싸늘한 반응에 기존 추진 정책에서 한발 물러서 정시전형 대폭 확대를 선언하였고, 기존 추진 정책에 한발 물러서 2022학년도 대입에서 서울 16개 대학에 정시 40% 이상 선발을 발표하였다.

다. 수시/정시전형에 대한 논쟁

　제20대 대선을 앞두고 각 후보의 교육 공약 중 대입전형의 수시와 정시의 장단점과 선발 비율에 대한 논의가 활발하다. 2019년 '조국 사태'로 촉발된 수시의 불공정에 대한 불신으로 일부 대선 후보들의 정시 100%를 주장하는 목소리가 힘을 받는 상황이다.

　그러나 현재 서울대학교를 포함하여 수도권 대학교에서 수시 비중을 70%에서 80%로 높이는 정책을 계속 유지하고 있으며, 특히, KAIST, POSTECH 등 과학기술원은 수능을 전혀 반영하지 않는 학생부 종합전형 100%로 선발하고 있다.

　대학은 왜 수시 비율을 늘릴까? 그 이유가 무엇인가를 살펴볼 필요가 있다.

　2017년 3월 '학생부종합전형 3년의 성과와 고교 교육의 변화' 심포지엄에서 서울 10개 사립대 전형 별 입학생 학업 성취도를 공개하면서 **일반고 출신 입학생이 가장 높은 학업**

성취도를 보인 전형은 학종을 포함한 학생부 위주 전형이었다. 심포지엄에서는 학종은 '금수저 전형'이라 불리며 자사고와 특목고를 위한 전형이라는 비판에 대한 오해를 불식시키고 '수시 학생부 위주 전형에 중점을 둔 대입전형 정책 기조 유지' 등을 제안하였다.

대학	학종		교과		논술		특기자		수능		전체	
	재학	GPA	재학	GPA	재학	GPA	재학	GPA	재학	GPA	재학	GPA
고려대	499	3.48	581	3.45	1109	3.38	577	3.47	1244	3.24	4010	3.37
연세대	549	3.33	150	3.25	670	3.1	1005	3.23	1179	3.05	3553	3.16
서강대	597	3.2	-	-	381	2.9	120	3.04	596	2.89	1694	3.01
성균관대	1158	3.61	-	-	1172	3.49	96	2.71	960	3.41	3386	3.48
한양대	1144	3.48	316	3.35	499	3.41	229	3.44	927	3.25	3115	3.39
중앙대	1665	3.42	427	3.48	873	3.25	302	3.07	1333	3.26	4600	3033
경희대	1953	3.09	-	-	917	2.91	696	2.8	1621	2.82	5187	2.93
한국외대	684	3.3	436	3.23	564	3.03	132	3.31	1569	3.02	3385	
숙명여대	491	3.22	253	3.19	338	3.09	340	2.97	789	3.12	2211	3.12
서울여대	776	3.24	-	-	150	3.06	150	2.8	601	2.9	1677	3.06
계	9516	3.33	2163	3.35	6673	3.21	3647	3.13	10819	3.13	32818	3.21

자료 서울 10개 사립대학 심포지엄 '학생부종합전형 3년의 성과와 고교 교육의 변화'
학종= 학생부종합전형, 교과=학생부교과전형, 특기자=특기자전형과 예체능실기전형을 포함한 실기 위주 전형 전반
2016년 2학기 기준   출처: 베리타스 알파

또한 전형 별 지역에 따른 편차 분석에 따르면 10개 대학은 전반적으로 지역에 따른 전형유형별 학점의 차이는 크게 나타나지 않는 것으로 나타났다.

특히 지역적으로 낙후나 읍면/기타지역의 학생들도 대학 입학 후 학업성취도가 타 전형과 거의 차이가 없는 것으로 나타났으며, 전형 별 지역에 따른 편차는 크지 않았지만, **학종과 교과로 입학한 학생의 성적이 논술 / 특기자 / 수능 입학생 성적보다 높게 나타나는 경향은 뚜렷하게 나타나 수시 학생부 종합전형의 선발이 우수한 학생을 선발한다는 점을** 강조하였다.

이어 **전국대학교 입학 관련 처장협의회**에서도 정시가 확대된다면 교육의 본질이 훼손될 수 있고, 교육의 불평등이 심화하고, 공교육이 붕괴할 것이라는 견해를 밝히며 **수시의 확대 내지는 유지의 의견을 내기도 했다.**

또 다른 수시의 확대 이유는 수시 입학생의 중도 탈락

률이 정시 입학생보다 낮다는 것이다. 고등학교 재학부터 본인이 희망하고 원하는 전공으로 입학하였기 때문이다. 한편 수시 입학생들이 일반적으로 자신의 수능 실력보다 높은 수준의 대학에 진학하였기 때문에 학교생활 만족도가 높다는 의견도 있다.

이와 같이 대학의 입장에서는 수시를 확대해야 하는 이유는 명확하였다.

그렇다면, 고등학교 학교 현장의 입장과 수험생의 의견은 어떠한가?

학교 현장에서 가장 우려하는 것은 현재 수능 100%를 반영하는 정시를 확대하는 것은 곧바로 교실의 붕괴를 가져올 것이라고 말한다.

과거 줄세우기 식의 선발고사의 문제점은 이미 많이 노출되었다.

고등학교 3학년 교실의 수업 현장에서 목도 하였듯이 학생 본인이 선택한 수능 과목만을 공부하려는 학생을 과연 어떻게 설득하고 가르칠 수 있단 밀인가?

현재 수시전형의 도입에 대해 학교 현장에서는 학생이 학업적인 부분만이 아니라 인성과 학업 외적인 사항을 학생부를 통해 파악할 수 있었으며, 학생의 처지에서는 자신의 관심 분야와 흥미를 찾아 3년간 열심히 활동하면서 자신의 전공에 선택할 기회를 가질 수 있었다고 말한다.

또한 수능이 공정하다는 근거가 있는가? 학생 각 개인의 재능과 개성을 똑같은 기준으로 평가해 점수로 한 줄 세우는 것이 과연 공정한가?

공정성이라는 잣대라고 하여 수능 성적만을 통해 대학 진학을 한다면 과연 자신의 흥미와 진로를 찾는 기회를 충분히 가질 수 있을 것인가에 대해서는 다른 대안이 없어 보인다.

라. 제언 – 수시 / 정시 전형의 적절한 선발 비율

언제나 모두를 만족시킬 수 있는 제도란 없다. 대학의 선발 제도는 미래를 짊어지고 갈 세대의 역량을 키우는데 더 적합한가에 초점이 맞추어져야 한다.

4차 산업혁명의 시대에 융합형 인재의 중요성은 점점 커지고 있다.

수능에서 반영하기 어려운 토론, 인성, 배려, 협력 등 다양한 구성원들과 협력할 수 있는 인재를 키우는 데 더 노력해야 한다.

2019년 '조국 사태'로 그동안 수시가 특권층 자녀를 위한 전형이었음이 드러난 것이 오히려 다행한 일이다. 2019년 이후 문재인 정부의 초기 정책과는 반대의 방향이지만 서울 수도권 16개 대학에 정시 40%까지 확대하게 된 것은 그만큼 수시 불공정 여론의 싸늘함에 대한 임시 방책이었다.

그러나 서울 16개 대학에만 정시 40%만을 확대했을 뿐임에도 정시 확대의 발표는 나비효과를 불러일으켜, 학생들이 진로에 따라 다양한 과목을 선택 이수하도록 한 고교학점제의 시행마저 위태롭게 하고 있다.

또한 내신보다 검정고시를 준비하겠다고 학교를 떠나는 학생이 2019년 1.9%에서 2022년 2.8%까지 치솟았다.

제20대 대선 후보들의 대선 공약 중 정시 100% 선발 공약이 실현된다면 중소도시를 비롯한 읍면지역의 일반 고등학교의 수도권 대학의 진학은 사실상 불가능할 것이다.

전국의 대다수 학교 교실은 수능 준비를 위한 학원으로 변질될 것이며 가르치고 긍정적인 변화를 끌어내는 교사의 의무를 다할 수 없는 상태가 될 것이다.

이미 학교 현장에서는 많은 교실 수업 개선을 통해 과정형 중심평가와 토론 수업을 통해 학생 자신이 할 수 있는 활동과 역량 키우기가 정착되고 있으며, 자신의 진로를 찾아 입시를 준비하는 활동들이 활발하게 이루어지고 있다.

수시의 불공정이 정시의 확대라는 논란을 가져온 것은 맞지만 정시 100% 확대를 외치는 것은 "빈대 잡기 위해 초가삼간 태운다."라는 말이 딱 맞는 말이다.

수시와 정시 선발의 적절한 비율은 70:30을 제안한다.

그동안 수시와 정시의 정책은 수많은 보완을 통해 자리 잡아가고 있다.

제2의 조국 사태를 막기 위해 학교생활기록부에는 교외 활동이 전혀 기록되지 않고 있으며, 사교육의 개입을 최소화하기 위해 수행평가 또한 과정형 중심평가로 과제 제시를 통한 평가가 아닌 수업 중 평가를 하도록 장치가 마련되었다.

현재 수시는 대입에서 학생부가 막강한 영향력을 갖게

되는 만큼, 지역이나 학교 교사에 따라 큰 편차를 보이는 학생부 작성에 대해 학교 정규교육과정에서 이루어진 것으로 한정하고 있으며 공정하고 명확한 지침 마련으로 보완하면 된다.

정시의 비율을 유지해야 하는 것은 초기 학생부 관리에 실패한 학생이나 재수생의 '패자부활전' 역할을 한 측면이 있다.

또한 수능은 수시전형의 학교 간 교사 간 큰 편차를 보이는 학생부의 차이와 내신의 변별력을 보완하는 역할도 할 수 있다.

수시 정시의 비율이 70:30일 경우 수시의 중복 합격 등으로 미충원된 인원이 정시로 이월되면 수시 정시의 비율은 약 60:40 정도의 비율이 된다. 수험생의 수시 6번의 기회와 정시 3번의 기회를 충분히 활용할 수 있다.

'교육은 백년지대계'이다. 대선 후보이든 교육 수장이든

백 년 앞을 내다보는 큰 계획으로 국가와 사회발전의 근본 초석이 되는 정직한 계획을 제시해야 한다.

교육을 대중영합주의의 정책으로 이제는 흔들지 않기를 바란다.

[참고자료]

1. 서울교육. 정책연구 VOL. 227. 여름호, 우리나라 대입제도의 변천과정 및 향후 추이
2. 나무위키. 수시, https://namu.wiki/w/수시
3. 나무위키. 정시 대 수시 논란, https://namu.wiki/w/정시 대 수시 논란

수업 녹화

공교육의 부실화로 학생과 학부모들은 사교육에 의존하는 기현상이 사회문제로 대두된 지 오래다. 과중한 사교육비가 서민 가계의 큰 부담이 되어 팍팍한 서민 생활을 압박하고 있다. 부유층의 고액 과외와 스펙 품앗이로 인해 교육 기회는 불공정한 갈등 양상으로 계층 간의 위화감이 만연하고 있다.

자녀들의 과중한 교육비가 저출산이란 국가적 재앙이 되어 인구감소가 확산되고 있다. 결혼을 기피하는 젊은 세대가 늘어나고 있는 현실을 바라보는 국민들은 인구절벽이란 암울한 미래를 걱정하고 있다. 치솟는 집값과 함께 공교육의 붕괴가 대한민국의 당면 1순위 과제로 떠올랐다. 집값은 적극적으로 공급을 확대하겠다는 정부의 정책으로 해결이 가능할 것이다.

그러나 공교육의 부실화는 단순한 정책적인 문제로는 완전한 해결을 기대하기 어렵다. 이에 대한 대안으로 학교 수업의 녹화를 제안한다. 학생들의 설문조사 결과 80% 정도가 수업 녹화를 원하고 있다. 당일 수업한 내용 중에 이해하지 못한 부분에 대해 수업 녹화를 보면서 복습한다면 미진했던 부분을 충분히 이해할 수 있기 때문이다.

이미 학교 현장에는 코로나로 인해 비대면 수업을 시행할 수 있는 기본 설비가 구축되어있기 때문에 별다른 예산 지원 없이도 가능하다. 요는 교사들의 적극적인 수업 녹화에 대한 호응이 관건이다. 이미 미국의 유수한 대학 강의는 인터넷을 통해 세계 각지로 소비되고 있다.

수업이 녹화된다면 교사들은 수업 내용에 대해 더욱 진

지혜질 것이고, 수업의 질은 한단계 상승할 것이다. 학생들은 방과 후 수업과 같은 비효율적 시간을 낭비하지 않고, 그야말로 자신만의 맞춤식 복습을 하게 될 것이며 이에 만족도는 배가 될 것이다.

자연 맹목적인 불안감 때문에 가게 되는 학원 교육도 줄어들면서 가계지출부담에서 벗어나게 되는 일석이조의 효과를 낳게 될 것이다. 최소한 마이클 샌델의 '공정하다는 착각'에서처럼 교육에서만큼은 공정한 경쟁이 이루어져야 한다.

서울 등 대도시의 학생들과 중소 농어촌 학생들의 사교육 기회는 비교할 수 없을 정도다. 이런 학생들을 위해서, 학습 부진 학생들을 위해서라도 반드시 수업 녹화가 필요하다.

더구나 인헌고 사태에서 보듯이 전교조 교사들의 이념 주입식 왜곡된 역사교육 방지와 차단에도 큰 효과가 있을 것이다.

학제 개편

세상이 진화하면서 아이들의 지적 수준도 높아지고 있다. 식당에서 어린아이들이 부모의 휴대폰에 집중하는 모습을 자주 보게 된다. 전혀 칭얼대지 않고 혼자 놀게 되니 부모가 이야기 나누며 여유 있게 식사를 즐긴다.

초등학생들은 촉법소년에 해당되어 처벌받지 않는다며 대담한 범죄를 저지를 정도여서, 법개정이 거론되고 있다. 급작스레 고3에게 두표권이 주어졌다. 정지에 대한 예비학습이나 경험도 없이 정치권이 표 계산만으로 결정한 다분히 정치적 행위다.

학교는 교육의 장으로 혼란스러운 정치의 장이 되어서는 안 된다. 일선 현장의 교사나 학부모, 특히 사립학교 법인과 아무런 의논 없이 일방적으로 결정했다. 7살 입학하여 19세에 고등학교를 졸업하는 학제 개편을 통해 고3 투표권을 개정해서 학교 현장이 흔들리지 않고, 학업에 올인하도록 해야 한다.

에필로그

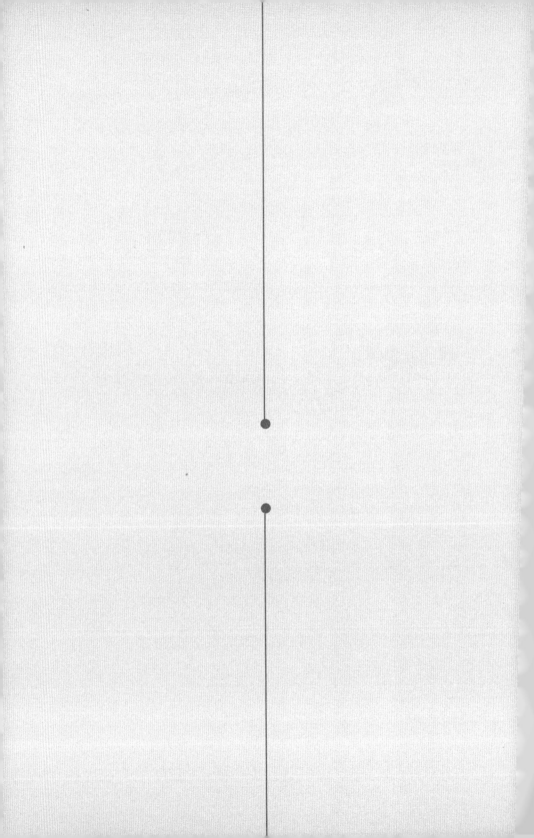

존경하는 의원님들께

대선을 앞둔 어수선한 시국을 맞아 안개 속을 헤매는 정국에 저희 사학 문제로 심려를 드려 죄송합니다.

사학을 규제하려는 더불어민주당의 여러 가지 개정안들이 속속 등장하고 있습니다.

그 원인은 사학의 비리를 빌미 삼은 국가 주도의 교육 정책에 있다고 생각됩니다. 한마디로 사학의 국유화 정책입니다.

국유화란 공립화의 또 다른 표현일 것입니다. 구차스레 과거 사학의 국가기여에 대한 말씀은 생략하겠습니다만, 빈대 몇 마리 잡겠다고 초가삼간을 불태우겠다는 논리와 같습니다.

물론 비리를 저지른 사학들은 입이 열 개라도, 뭐라고 변명을 하겠습니까?

하지만 처녀가 애를 낳아도 할 말이 있듯이, 열심히 그리고 투명하게 경영하는 사학이 훨씬 더 많다는 사실을 아셨으면 합니다.

현행 개정 사학법은 이러한 비리 사학에 국한하여 적용하는 것이 입법 취지에 적합하다고 생각합니다.

비리 사학은 규제와 간섭을 받아 마땅합니다.

그러나 건전 사학까지 연좌제로 족쇄를 채우겠다는 것은 자유민주주의인 대한민국에서는 천만부당한 일입니다.

채용 비리가 발생한 학교에 한해서는 합당한 규제를 한다 해도 수용해야 하지만, 멀쩡한 사학까지 싸잡아서 규제한다는 것은 크나큰 정책적 오류임이 분명합니다.

법 개정을 꼭 해야 한다면, 이러한 법 적용은 비리 사학에 한해야 한다고 생각합니다.

우리 사학도 원스트라이크 아웃제 선언 등 대대적인 혁신을 하겠습니다.

명분 없는 반대만을 주장해서는 국민적 공감대나 여론의 지지를 받을 수 없겠지요.

오히려 의원님들만 사학을 감싼다는 비난을 받게 될 것을 잘 알고 있어 면목이 없습니다.

하지만 개인의 개인재산을 털어 건학이념 구현을 위해 헌신하신 설립자님들의 순수한 애국정신을 생각하면, 어떻게라도 사학을 지켜나가야 한다는 사명감을 떨칠 수 없는 것도 솔직한 심정입니다.

국가는 BTL 사용료 연간 5조를 지불하고 있음에도 사학의 시설을 무상으로 이용해 왔습니다.

학사에 개입하지 못하는 것이 현실이라면, 정당한 보상으로 사회 교육원이라도 설립하여 건학이념의 구현을 이어 나가고 싶습니다.

의무교육과 무상교육이 시행되고 있는 중·고등학교 학교법인에게 교사들의 4대 보험 사용자 부담분을 전가하는 것은 부당합니다.

똑같은 공교육이 이루어지는 공립에는 국가가 사용자 부담분을 부담하면서, 인건비 성격의 부담분을 유독 비영리 법인인 사학 법인에 부담시키는 부당한 처사는 시정되어야 마땅합니다.

세계 유일한 유노동 무임금의 이사장에 대한 적절한 처

우개선도 검토 시행되어야 비리의 원천적 해결도 가능해
질 것으로 생각되며, 이와 함께 비리 사학에는 원스트라
이크 아웃제를 선언하도록 하는 것도 해결책의 일환이 될
것입니다.

정당한 보상을 전제로 경북회 법인들을 대상으로 한 여
론 조사에서 지나친 규제와 간섭으로 경영권을 포기하겠
다는 법인이 50%였다는 것도 참고로 알려 드립니다.

두서없는 글을 읽어주셔서 감사드리며, 교육 정책 입안
에 참고해 주시기 바랍니다.

2021. 8. 18

국정 운영에 반영할 사학인의 건의서

첫째, 대한민국에 사학다운 사학이 존재할 수 있는 교육환경으로 확 바꾸어야 한다.

– 규제 위주의 사학 관련법을 지원 위주로 확 바꾸고, 사학을 옥죄는 사립학교법을 폐기하고 사학진흥법을 제정해야 한다.

– 사립학교와 관련된 교육정책 및 입법은 반드시 사립학교 경영자와의 거버넌스를 통하여 추진해야 한다.

둘째, 사학법인에 부과하는 과중한 부담을 확 없애야 한다.

- 사립학교를 설립할 당시에는 없었던 교직원 4대 보험료 중 학교법인이 부담하는 금액인 '법정부담금'을 강제하고 학교 부동산에까지 세금을 부과함으로써 재정적 압박을 가하는 과중한 부담을 확 없애야 한다.

- 중대재해처벌법에서 학교법인 이사장에 지워진 무거운 책임을 경감하고, 교직원 관련 소송 비용을 학교 회계에서 부담하도록 해야 한다.

셋째, 다양한 인재 양성을 위해 사학의 특성을 살리도록 해야 한다.

- 사학에서 다양하고 우수한 인재를 양성토록 하여 4차 산업혁명 시대를 대비하고 국가의 미래를 이끌 다양한 분야의 지도자를 양성하도록 하어아 한다.

- '절대적 평등'에 묶여있는 자사고·특목고 폐지 추진을

즉각 중단해야 한다.

넷째, 소규모 사립학교의 원활한 해산을 위해 법적 기반을 조성해야 한다.

– 학생 수 급감 등으로 학교 운영은 물론 교육과정 운영에 어려움을 겪고 있는 소규모 사립학교의 해산을 지원할 수 있도록 법·제도적 기반 마련이 절실하다.

– 소규모 사립 중고등학교의 통합 운영을 추진하고, 지역 특성과 여건을 감안하여 학교법인을 다른 공익법인으로 전환시켜 국가와 지역 발전에 이바지할 수 있는 여건 마련도 병행해야 한다.

다섯째, 사립학교 경영자에게 정당한 대우를 해야 한다.

– 국가를 대신하여 학교를 설립·운영해 교육의 한 축을 맡아온 사립학교 경영자에게 정당한 대우를 함으로써 동기부여는 물론 자부심을 갖도록 해야 한다.

- 최소한의 품위 유지가 필요하고, 급여가 없어 4대 보험 대상자도 못 되는 학교법인 이사장 등에게 상응하는 재정적 지원을 하고, 책임과 의무만 질뿐 권한은 박탈당한 학교 경영자에게 철학과 소신을 갖고 학교를 경영할 수 있도록 법적·행정적 토대를 구축해야 한다.

2022. 2. 16

사단법인 한국사립초중고등학교법인협의회 회원 일동
사단법인 대한사립학교장회

부록

좌파교육감에 점령된 교육의 현주소

- 갈 길을 잃은 부산 교육의 실태

함진홍
(창의교육연구회 회장, 한국화가, 고교 미술교사 33년 경력)

1. 지속적인 학력 저하와 기초학력 하락, 교육 격차(전국성적 지표, 경제 및 동서 지역)가 지속적으로 수년 간 이어져 오고 있으며, 더욱 증가하고 있는 혁신학교와 다행복학교의 설립으로 학력 증진에 역행하는 민주시민교육과 이념 교육이 노골적으로 이루어지고 있다.

학생들의 입에서 "우리 선생님은 파란색이야!"라고 **학부모에게 말하는 사례, 객관식 시험 문항에 시사적인 정치 성향**

이 노골적인 예시의 등장, 음악 시간에 선동적인 구호와 리듬(레지스탕스) 교육 등의 학부모 증언을 듣고 있다.

또한 전국 학력평가 실시 후 피드백이 전혀 되지 않는 것은 부산 교육에 대한 시민의 관심과 우려조차 완전히 배제시킨 행위이다(학력 저하 과목의 학습 능력 개선 대책 마련에 대한 시도와 대안이 없고 성적도 일체 노출시키지 않고 있음).

2. 전국 시·도 교육감 직무 능력 평가, 청렴도 평가 등이 최근 2년간 중위권 안으로 들어온 적이 없고 거의 꼴찌를 면한 수준임에도 불구하고 그에 대한 개선의 노력과 성과가 없음에도 불구하고 부산 시민은 90% 이상이 이 사실을 모른다는 게 문제이다.

교육은 학교 현장에서만 완성되어지는 것이 아니라 국가와 사회가 공조해야만 효과가 극대화되고 이것이 바로 **올바른 교육이 실행되는 나라**인 것이다.

3. 정책도 없는 부산 교육은 닻과 돛대도 없이 표류하는 조각배처럼 떠돌고 있다. 즉, 진보교육감 재선 8년 동안 부산 교육이 얼마나 향상되었는가? 학력? 인생? 취업?… (적어도 시민교육, 인성교육, 역사교육, 취업대책 등 어느 하나도 성과를 낸 것이 없다).

4. 조국(골수 민주당 성향의 대표적인 정치인)을 언급하는 정치적 중립을 공공연하게 훼손하고도 그 뻔뻔함으로 교사와 아이들에게 정서적으로 미칠 영향을 의도한 게 아니었나 의심이 간다.

학부모 간담회는 코로나 정국에도 연일 전 지역 학부모를 초청해 연중무휴로 하고 있는 것이 학교 현장 교육에 도움이 되는 것처럼 포장하여 관리하고 있는 것도 한 사례이다.

– 현직 교육감으로서 자기신거를 계획한 사진 신거운동으로 간주되는 바이다.

5. 2017~2018년 일선교사(김석준의 제자)가 미투 사건으로 청와대 청원 글이 올려진 적이 있다. 법적 시효는 끝났을지 모르나 윤리적 시효는 무한대이다. 정말 피해 당사자와의 완전한 합의와 화해가 되었다면 청원이 올라갔을 리 없는 일이다.

더욱이나 일반 공무원도 문제가 될 일이지만 한 지역의 교육을 책임진 교육계의 최고 수장이 관계된 미투사건이 아닌가.

6. 전교조 출신 재임용 사건은 서울시 조희연 교육감 사건과 판박이 사건임에도 불구하고 전혀 고발되지 않아 묻혀버리고 있지만 향후 반드시 밝혀내어 학교 현장에서 이들이 저지른 행위와 처신에 응징과 재발방지 대책이 이루어져야 한다(지역 토호세력인 언론과의 유착으로 이런 부조리가 그동안 전혀 언론에 고발되거나 보도되지 않은 것이 합리적으로 의심되는 부분이 많다. 그럼에도 불구하고 이들은 일선 교육 현장에서 버젓이 교사로서의 신분을 그대로 유지하고 있으며 교육감 역시 마찬가지이다).

7. 재정·감사에서의 비리로 자살한 부산시 교육청 직원, 부산시 교육청 시설공무원으로 임용되었으나 담당직원의 실수로 합격되었다가 불합격 처리된 충격으로 자살한 이제 갓 고교를 졸업한 어린 청년 지원자 사건도 있었다.

이 두 사건에 대한 해명이 반드시 되어야 함에도 진실 규명은커녕 사건이 묻혀진 것은 사건 해결의 열쇠를 힘 있는 자(가해자)가 쥐고 있기 때문이다.

8. 인사행정의 사유화는 정말 심각한 수준이다. 여기서 직선제 교육감 선거의 실태와 모순이 고스란히 드러난 결과이다.

즉, 당선되기 위해 선거 때에 만든 사조직과 인맥을 감안하여 정실인사를 정하고, 도움 준 사람들을 챙기는 논공행상식 인사, 시설물, 재정 예산편성 등 모든 업무에도 보은의 행위가 이루어질 수밖에 없다고 본다.

또한 차기 선거를 위한 표 관리가 되게 하는 이권수단

으로도 될 수 있는 치밀한 전략의 연장선으로 본다.

지역과의 MOU, 금융, 폐교 활동, 신설학교 설립 등 진 과정에서 투명성과 청렴성이 결여되다 보니 결국 전국 교육평가에서의 골치가 될 수밖에 없다고 본다.

심지어 교육감 선거와 관련해 도움 준 사람을 교육청 요직에 장기근무하게 하는 것을 법적 제제를 피할 수 있도록 교묘하게 만들어 버리는 짓까지 자행하고 있으니 말이다.

9. 학교 폭력의 증가와 그 정도가 더욱 심각해지고 있는 것에 대해 은폐하거나 축소하는 것에 주력하고 있을 뿐 근본적인 대책에 대한 모색이 궁색하고 실효성이 없는 것에 대안이 없다.

학교를 다녀야 하는 학령기 아이들이 부적응 또는 이탈, 비행 등으로 학교 밖을 배회하는 학생 수가 무려 4만 명이 넘는데도 불구하고 이에 대해 부산시와 부산교육청이 과연 얼마나 대책 마련을 하고 있으며 그 성과는 무엇인가.

10. 교육 격차는 경제 격차와 맞물려 있다. 인터넷 무료 인강 실태는 어떠한가?

서울 강남구청 수능방송 – 강남구에서 적극 지원하고 있으며, EBS 서울시 교육청 운영 무료 인강 – 강남구청의 지원으로 인터넷 수능방송의 혜택을 누리고 있는데 반해 부산은 메가스터디에 가입한 유료 서비스이다.

부산시교육청 예산은 도대체 어떻게 쓰이고 있는지 부산시민들이 알려고도 하지 않는 것인지… 응당 깨어있는 부산시민들이라면 교육청 예산이 남는 건지 모자라는 건지 알아야 하지 않을까? 부산시교육청 예산 열람이 불가능한 것인가?

11. 교사의 업무 경감을 위해 학교 현장에 대한 실태 파악이 안 되는 이유가 있다.

학급별 학생 수는 줄었으나 수요자 중심의 교육으로 전환된 지 오래인 학교 현장은 교사의 업무에 대한 분류와 그에 따른 연수와 교육이 전혀 효율적이지 않다.

교육청에 보고해야만 하는 업무만도 일 년에 학교당 수만 건에 이른다. 교사 업무 경감은 그 효과가 교실과 아이들에게 나타날 수 있도록 교재 연구와 수업 활동에 전념할 수 있도록 해주는 데에 교육 당국은 하루 빨리 대책 마련에 앞장서야 한다.

12. 학교 총량제로 말미암아 작은 학교는 통폐합되어 폐교가 속출하니 지역 주민과의 소통 부재와 마찰, 분쟁이 끊이지 않는다. 최근 4년 동안 부산지역 폐교 예정지와 폐교만 해도 40여 개가 되다보니 그 활용과 대책에 대한 공감대 형성과 토론 없는 일방적 행정에 대해 어떤 행위도 할 수 없다. 교육 관계자와 뜻 있는 분들마저도.

그저 자기네들의 화려한 잔칫상일 뿐이다. 공교육의 미래가 걱정이다. 대형 학교보다는 작은 학교로의 전환은 어

차피 가야할 미래형 교육을 위한 단계이지만 이들은 한치 앞을 내다보지 못하고 있다.

도대체 무엇을 위해 그 역할을 하고 있는지 스스로에게 물어보는 양심조차 팔아버린 인간들이다(대형학교 vs 소형학교 : 감염과 소외 지역교육 문제 등을 해소하려면 어떤 방향으로 가야 할까요?).

13. 혁신학교의 실체를 알지 못하는 학부모도 상당수 있다.

교육은 차별하는 것이 아니라 차이를 인정하는 차원에서 이루어져야 한다. 혜택이 균등한 것이지 인간의 능력과 소질을 규격화하려하는 교육은 철폐되어야 한다.

혁신학교는 1) 교사 수급 – 전교조 교사가 판을 치고 있나.
　　　　　 2) 수월성 교육이 아닌 평등화 교육이랍시고 개인차를 부정하는 현상을 초래한다.

사실 혁신학교에 쏟아 붓는 예산은 엄청나면서 기존 노후학교의 시설보완은 아예 기준에 미치지도 못하고 있다.

14. 공모 교장제도로 인한 인사행정의 문제점은 이미 언론에서도 수없이 기사화되었으며 교묘하게 법망을 피해간 인맥상의 연결고리도 끊임없이 지속될 것이다.

15. 학교 현장의 문제점에 대해 교육청은 얼마나 긴장하고 그 대책 마련을 하고 있는가를 따지면 한심하기 이를 데가 없다.

사실 학교에서 제일 힘든 업무는 담임과 학생부이다. 그리고 교사의 직무연수, 상벌점제도, 기간제 교사 문제, 급식문제, 수능 이후 학사 운영, 학기말 수업 실태, 예체능 교육, 동서교육 격차 등등.

왜 개선되지 못하고 오히려 후퇴하는가에 대한 절실함이 없다. 부산시교육청은?

이유는 교육감이 현장 경험이 없는 자이다. 현장의 소리를 수렴하려는 의지가 없는 자는 그 자리에 있으면 현장에는 오히려 독이 된다. 교육감이라는 존재가!

교육청에서 일하는 분들이 한 목소리를 내지 않는 것 또한 부산 교육의 최대 난맥이다. 왜냐하면 인사권을 교육감이 쥐고 흔드니 보나마나 눈치 업무만 하고 있는 것 아니겠는가?

16. 남아도는 교육청 예산으로 학교는 고급 쓰레기가 산더미처럼 쌓여가고 있다.

남아도는 교육청 예산의 발생 원인을 규명하고 해소해야 함에도 불구하고 도리어 학교마다 돈을 펑펑 지원해 주면서 모두 소모하라는 압박 아닌 압박으로 일관하고 있는 것을 과연 부산 시민은 알고 있는가?

학교에서 온갖 물품(학용품)을 다 제공하고 심지어 급식, 교복, 수학여행비까지도 제공해주다 보니 학생들은 배려와 봉사, 희생, 양보 및 절약에 대해 무감각하다.

교사들이 학생들과 멀리할 수밖에 없도록 교권은 땅바닥으로 실추되게 한 학생인권조례법 등 진보 교육감들의 교육계 장악으로 공교육은 점점 중심을 잃은 채 항해를 할 수밖에 없는 현실이다.

결론

반드시 제왕적 교육감제의 폐지가 필요하다.

- 부산 교육의 발전을 바라는 바 제언한다.

1. 교육감 직선제 폐지와 그 대안 마련을 촉구하는 바 일선 교사 위주의 정책 수렴과 현장 개선책 전담 TF 구성을 상설화 한다.

2. 대책

1) 직선제 부산시장과 러닝메이트로 부산시교육감을 선출
하는 방법.

2) 교육 관계자들의 의견 수렴기구를 통한 찬반 의사 결정
(교육감 권한 축소 및 견제).

3) 직속 임명권 대폭 축소 및 직속 제청권 축소.

언론에 보도된 진보 교육감의 비리(관련 신문기사 모음)

NewDaily

'해직교사 부당채용' 조희연 기소... 검찰 "특정인 위해 영향력 행사"

'직권남용 및 국가공무원법 위반' 혐의... 23일 검찰시민위원회 열어 결론
검찰 "사실관계 객관적으로 판단한 것"...조희연 측 "부당한 기소" 반발

기사입력 2021-12-24 16:46:26 | 최종수정 2021-12-24 17:00:40 | 노경민 기자 |

검찰이 해직교사 특혜채용 의혹을 받는 조희연 서울시교육감을 '직권남용' 등 혐의로 기소했다.

검찰은 고위공직자범죄수사처로부터 공소제기를 요구받아 보강조사한 뒤 조 교육감을 재판에 넘기기로 결정했다.

조 교육감은 "무고함이 밝혀질 것"이라며 혐의를 부인했다.

당연퇴직한 전교조 출신 교사 부당하게 복직시킨 혐의 등

24일 법조계에 따르면, 서울중앙지검 형사1부(부장 이신혁)는 조 교육감을 직권남용 및 국가공무원법 위반죄로 불구속 기소했다. 조 교육감과 함께 그의 전 비서실장 A씨도 이날 함께 재판에 넘겨졌다.

조 교육감은 2018년 10~12월 선거법 위반으로 대법원에서 유죄 판결을 받고 당연퇴직한 전국교직원노동조합 출신 교사 등 5명을 복직시키는 과정에 부당하게 관여한 혐의를 받는다.

당시 부교육감 등 담당자들은 특채 절차가 공개·경쟁원칙에 위반한다는 이유로 반대했는데도, 조 교육감은 담당 장학관 등에게 이들에게 유리한 채용 공모 조건을 정하는 등 특별채용 절차를 강행했다는 것이 검찰의 판단이다.

조 교육감은 이들 5명을 내정한 상태에서도 공개경쟁을 가장

해 특별채용 절차를 진행하는 등 교육공무원 임용에 부당한 영향력을 행사한 혐의(국가공무원법 위반)도 있다.

검찰 관계자는 "직권남용 관련 유사 사례 및 특별채용 관련 법령 검토, 압수물 분석, 다수의 참고인 진술 분석 등을 통해 사실관계를 객관적으로 판단했다"고 설명했다. 아울러 "검찰시민위원회를 개최해 일반 시민의 의견을 수렴함과 동시에 검찰권 행사의 공정성과 투명성을 제고했다"고 부연했다.

공수처 '1호 사건', 지난 9월 검찰 송부

이번 사건은 공수처가 지난 4월 감사원으로부터 수사 참고자료를 확보한 뒤 출범 후 '1호 사건'으로 수사했다. 공수처는 조 교육감 등에게 혐의가 있다고 결론 내고 지난 9월 사건을 서울중앙지검으로 보냈다. 공수처법상 공수처는 판·검사와 경무관 이상 경찰만 직접 기소할 수 있어 검찰에 공소제기를 요구한 것이다.

이에 검찰은 조 교육감 등을 대상으로 추가 조사를 벌인 뒤 지난 23일 검찰시민위원회를 열어 기소 의결을 마쳤다. 이날 기소와 관련, 조 교육감은 성명을 내고 "검찰의 기소에 유감을 표한다"며 "재판 과정에서 무고함과 검찰 기소의 부당함이 밝혀질 것으로 믿는다"고 말했다.

조희연, 혐의 전면 부인… "재판 통해 죄 없음이 밝혀질 것"

조 교육감은 "적법하게 공개전형으로 2018년도 중등교원에 대한 특별채용을 했다"며 "법령이 정하는 범위 내에서 권한을 행사했다"고 주장했다.

조 교육감은 그러면서 "직권을 남용하지 않았고 담당 공무원으로 하여금 의무 없는 일을 하도록 한 사실이 없으며, 교원 채용 업무를 방해한 사실이 없다"고 자신의 혐의를 부인했다.

조 교육감 변호를 맡은 이재화 변호사는 "조희연 교육감이 적법한 절차에 따라 특별채용을 추진했음을 인정할 증거가 차고 넘침에도 애써 이를 외면하고 추측과 창작에 기초해 한 부당한 기소"라며 "재판을 통해 검찰 기소의 부당함과 조희연 교육감의 '죄 없음'이 밝혀질 것을 확신한다"는 견해를 밝혔다.

NewDaily

조희연, 전교조 간부 특채..곽노현 '판박이'

서울교육청, 사립학교 퇴직 교사 윤모씨..공립중학교 교사로 특채사실상 비공개 진행, 임용절차 위법 지적..3년 전 특채 파동과 흡사

양원석 기자입력 2015-02-02 15:06 | 수정 2015-02-02 15:49

조희연 서울시교육감이, 전교조 노조 전임자 출신의 전직 사립학교 교사를 공립중학교 교사로 특별 채용해 교육청 안팎에서 '인사권 남용'이라는 비판이 나오고 있다.

서울교육청은 해당 교사가 사학비리를 바로잡는데 기여한 공익제보자이고, 해당 교사가 법원에서 실형 판결을 받기는 했지만 이후 사면 복권돼 임용에 문제가 없다고 밝혔으나, 친(親)전교조 성향의 조희연 교육감이 사실상 특혜 인사를 한 것 아니냐는 지적이 적지 않다.

서울교육청은 "사학민주화 과정에서 학교를 떠난 사립학교 퇴직 교사 윤모(59)씨에 대한 특별채용을 확정하고, 윤 교사를 서울 강북교육지원청 관내 공립중학교 교사로 임용 발령냈다."고 1일 밝혔다.

사립학교인 상문고에 재직 중이던 윤 교사는 2000년 재단 퇴진운동을 주도하다가 구속 기소됐으며, 이듬해 대법원에서 유죄 확정 판결을 받고 학교를 떠났다.

2005년 사면 복권된 윤 교사는 이후 전교조 서울지부 노조 전임자로 일하면서, 지부 총무국장과 조직국장을 지냈다.

윤 교사에 대한 공립학교 특채 임용 및 발령에 대해 서울교육청은, 과거 2012년 곽노현 전 교육감 당시 사립학교 해직교사들을 공립학교 교사로 특채한 전례를 참고했다고 설명했다.

그러나 곽노현 전 교육감의 사립학교 해직교사들에 대한

공립학교 특채는, 법정공방으로 악화될 만큼 큰 혼란을 초래했다는 점에서, 서울교육청의 설명은 적절치 않다.

앞서 2012년 2월 서울교육청은 당시 곽노현 교육감의 정책보좌관을 지낸 이모 씨를 혁신학교 확대 등에 기여한 공로로, 공립 중등학교 교사로 특별 채용했다.

2000년부터 **사립학교 교사로 일하던** 이 씨는 **2010년 자신이 다니던 학교가 자율형사립고 전환을 추진하자, 이에 반대하다가 학교를 떠났다.**

이 씨는 같은 해 6월 곽 전 교육감 당선자 TF(테스크포스)팀에 합류, 곽 전 교육감과 인연을 맺었다. 이후 서울교육청 교육감 비서실에서 정책보좌관으로 근무하면서 혁신학교 업무를 맡았다.

당시 서울교육청은 이 씨 외에 곽 전 교육감의 선거캠프에서 일했던 조모 전 교사, '민혁당 사건'으로 실형 판결을 받은 박모 전 교사도 특채했다.

조모 전 교사는 자신이 근무하던 사립학교 재단의 비리 의혹을 제기하다가 2006년 해직된 뒤, 2010년 곽 전 교육감의 선거캠프에 합류했다.

2002년 '민혁당 사건'에 연루된 박모 전 교사는 국가보안법 위반 혐의로 기소돼 징역 1년에 집행유예 2년의 형을 선고받았다.

이들 3명에 대한 특채는 교육계 안팎에서 큰 혼란을 초래했다.
무엇보다 이들 3명이 곽 전 교육감과 특별한 인연을 맺었거나, 국가보안법 위반으로 대법원에서 유죄 확정판결을 받은 전력이 있다는 점에서, 곽 전 교육감의 '권한 남용'이란 비판이 거셌다.

교총 등 교원단체는 물론이고, 시울교육청 노조마저 곽 진 교육감의 특채임용에 공개적으로 문제를 제기하는 등 극심한 혼란을 빚었다.

당시 시교육청 교원정책과도 "곽 전 교육감 정책보좌관 출신인 이 씨를 특채하는 것은 특정인에 대한 특혜라는 비판을 면하기 어려우니 신중을 기해야 한다"는 취지의 의견을 냈다.

교육부는 사립학교 교사출신인 이 씨를 공립 중고등학교 교사로 특채할만한 사정이 없다며 임용을 취소했다. 그러자 이 씨는 교육부의 임용취소 처분은 부당하다며 법원에 소송을 냈다.

지난해 8월 21일 서울행정법원 행정6부(함상훈 수석부장판사)는, 이 씨가 "임용취소 처분을 취소하라"며 교육부장관을 상대로 낸 소송에서 원고패소 판결을 내렸다.

재판부는 "교육청 정책(자율형사립고) 추진에 반대하면서 사

직한 교사를 다시 교육청 정책 수립(혁신학교)에 기여했다
는 이유로 특채한 사례는 거의 없다"며, 교육부의 임용취
소 처분은 정당하다고 판시했다.

나아가 재판부는 곽 전 교육감 지시에 따른 서울교육청의
특채가 교육공무원법이 정한 임용원칙을 위반했다고 인
정했다.

교육공무원 법에 따르면 교원의 임용은 "자격, 재교육성
적, 근무성적, 그 밖에 실제 증명되는 능력"을 기준으로 해
야 한다(같은 법 10조 1항).

특채라도 일정한 자격과 요건을 충족해야 한다는 것이 해
당 조항의 취지라고 할 수 있다.

무엇보다 재판부는 곽 전 교육감의 지시에 따른 이 씨 특
채를 사실상의 '특혜·보은인사'로 판단했다.

재판부는 그 근거로, 이 씨가 특채 전까지 곽 전 교육감의

정책보좌관으로 일했고, 당시 교원인사를 담당하는 교육청 교원정책과가 이 씨 등의 특채에 대해 "특정인에 대한 특혜라는 비판을 면기 어렵다"는 의견을 낸 점을 들었다.

이어 재판부는 "학생들이 받을 불이익 방지를 위해, 교원에 대한 임용절차가 위법하거나 현저하게 부당하다면 이를 취소할 공익상 필요성이 크다"고 강조했다.

윤 교사에 대한 특채에 대해서도 3년 전과 같은 비판이 이어지고 있다.

서울교육청 관계자는 윤 교사 특채에 대해, "2005년 사면복권 뒤 '민주화운동 관련자 명예회복 및 보상 심의위원회'에서 윤 교사의 복직을 요청했었고, 국회의원과 교사들도 그의 복귀를 지지한다는 의견을 제출했다"고 해명했다.

그러나 시교육청은 윤 교사에 대한 특채를 결정하면서, 전형일정을 일반에 알리지 않은 채 윤 교사 개인에게만 통보하는 등 사실상 '비공개 방식'으로 임용을 추진했다.

사립학교 교원의 공립학교 특채는 해당 사립학교가 폐교되거나 학급수가 감소하는 등 특별한 사정이 있는 경우만 인정된다는 점에서 시 교육청이 법령을 위반했을 가능성도 배제할 수 없다.

교육부의 한 관계자는 "공립 교원 특채는 공개모집을 원칙으로 하는데, 시교육청이 이런 절차를 따르지 않은 것으로 안다"고 말했다.

法, "곽노현 비서 공립교사 특채, '임용취소' 정당"

곽 전 교육감 지시받고 비서출신 이모씨 공립교사 특채교육부 "특채 이유없다" 임용취소하자 소송

양원석 기자입력 2014-08-21 12:01 | 수정 2014-08-22 00:46

'후보사후매수죄'로 대법원에서 유죄가 확정되면서 낙마한 곽노현 전 교육감의 '자기사람 심기'가 위법했다는 법원의 판결이 나왔다.

서울행정법원 행정6부(함상훈 수석부장판사)는 곽 전 교육감의 비서출신 이모 씨가 "임용취소 처분을 취소하라"며 교육부장관을 상대로 낸 소송에서 원고패소 판결했다고 21일 밝혔다.

곽 전 교육감의 비서 출신인 이 씨는, 2012년 3월 혁신학교 확대 등에 기여한 공로로 서울 공립 중등학교 교사로 특별채용됐다.

2000년부터 사립학교 교사로 일하던 이 씨는 2010년 학교가 자율형사립고 전환을 추진하자, 이에 반대하다가 학교를 떠났다.

이 씨는 같은 해 6월 곽 전 교육감 당선자 TF(테스크포스)팀에 합류, 곽 전 교육감과 인연을 맺었다.

이후 서울교육청 교육감 비서실에서 정책보좌관으로 근무하면서 혁신학교 업무를 맡았다.

이 씨에 대한 특채는 2010년 2월 말 추진됐다.

후보사후매수혐의로 구속기소돼 1심에서 벌금 3,000만 원을 선고받고 풀려난 곽노현 당시 교육감은 교육감 복귀 직후, 이 씨에 대한 특채를 서울교육청에 지시한 것으로 알려졌다.

당시 곽 전 교육감이 특채를 지시한 측근은 이 씨를 비롯한 3명이었다.

이들은 모두 곽 전 교육감의 선거캠프나 비서로 일한 경력이 있어, 코드·특혜인사 논란이 불거졌다.

특히 곽 전 교육감이 특채를 지시한 측근 중에는 민혁당 사건에 연루돼 국가보안법 위반 혐의로 실형을 선고받은 인사도 포함돼 있어, 인사권 남용이란 비판이 쏟아졌다.

교총 등 교원단체는 물론이고, 서울교육청 노조마저 곽 전 교육감의 특채지시에 공개적으로 문제를 제기하는 등 극심한 혼란을 빚었다.

교육부는 사립학교 교사출신인 이 씨를 공립 중고등학교 교사로 특채할만한 사정이 없다며, 임용을 취소했다.

그러자 이 씨는 교육부의 임용취소 처분은 부당하다며 법원에 소송을 냈다.

이날 재판부는, 교육청 정책(자율형사립고) 추진에 반대하면서 사직한 교사를, 다시 교육청 정책 수립(혁신학교)에 기여했다는 이유로 특채한 사례는 거의 없다며, 교육부의 임용 취소 처분은 정당하다고 판시했다.

나아가 재판부는, 곽 전 교육감 지시에 따른 서울교육청의 특채가 교육공무원법이 정한 임용원칙을 위반했다고 인정했다.

교육공무원법에 따르면 교원의 임용은 "자격, 재교육성적, 근무성적, 그 밖에 실제 증명되는 능력"을 기준으로 해야 한다(같은 법 10조 1항).

특채라도 일정한 자격과 요건을 충족해야 한다는 것이 해당 조항의 취지라고 할 수 있다.

무엇보다 재판부는 곽 전 교육감의 지시에 따른 이 씨 특채를 사실상의 [특혜·보은인사]로 판단했다.

재판부는 그 근거로, 이 씨가 특채 전까지 곽 전 교육감의
정책보좌관으로 일했고, 당시 교원인사를 담당하는 교육
청 교원정책과가 이 씨 등의 특채에 대해 "특정인에 대한
특혜라는 비판을 면키 어렵다"는 의견을 낸 점을 들었다.

이 씨가 특채되기 전까지 곽 전 교육감의 정책보좌관으로
근무했고(시교육청) 교원정책과에서도 이 씨를 특채하는 것
은 특정인에 대한 특혜라는 비판을 면하기 어려우니 신중
을 기해야 한다는 취지의 의견을 낸 사실이 있다.

이런 점을 고려할 때 교육감이 이 씨를 특채하는 것은 자
신과 가까운 관계에 있던 사람에게 특혜를 부여한 것으로
볼 여지가 크다.

이어 재판부는 "[학생들이 받을 불이익] 방지를 위해, 교
원에 대한 임용절차가 위법하거나 현저하게 부당하다면
이를 취소할 공익상 필요성이 크다"고 강조했다.

朝鮮日報

인천교육감 최측근, 교장 면접시험 문제 유출 의혹

전교조 출신 장학관도 가담 정황

박세미 기자, 입력 2021.03.08 03:00

도성훈 인천시교육감의 정책보좌관 등 인천시교육청 관계자 2명이 올 초 '내부형 교장 공모' 면접 시험 문제를 사전에 유출한 의혹으로 경찰 수사를 받고 있는 것으로 알려졌다.

내부형 교장 공모제는 교장 자격증 없는 평교사를 공모를 통해 교장에 임명하는 제도로 '무자격 교장 공모'라고 불린다.

전교조 교사들이 많이 임용돼 '전교조 출세 코스'라는 비판을 받고 있다.

7일 교육계에 따르면, 지난 1월 인천시교육감의 정책보좌관 A 씨와 장학관 B 씨는 내부형 교장공모제의 2차 면접시험 내용을 외부에 유출했다는 의혹이 제기돼 감사관실 조사를 받았다.

교장공모제는 크게 1차 서류 심사와 2차 면접 심사로 나뉘는데, 면접 심사 과정에서 두 사람이 부정행위에 가담한 정황이 보인다는 것이다.

감사관실은 이 사안을 조사한 후 경찰에 수사 의뢰한 것으로 알려졌다.

A 씨는 전교조 인천지부 정책실장 출신으로, 전교조 인천지부장을 지낸 도성훈 교육감의 최측근이다. B 씨 역시 전교조 출신인 것으로 알려졌다.

이 때문에 교육계에서는 "이들이 전교조 출신 공모 교장 후보자들에게 면접 내용을 흘린 것 아니냐"는 의혹이 나오고 있다.

인천교총은 지난 5일 입장문을 내고 "지난 3월 임용된 인천의 내부형 공모교장 4명 중 3명이 전교조 출신인 것으로 파악됐다"며 "교육감 최측근이 교장 공모제의 면접시험을 유출했다는 의혹이 사실이라면 아예 교장공모제도를 폐지해야 한다"고 주장했다.

이재정 경기교육감·이청연 인천교육감·조희연 서울교육감 등 속칭 진보교육감들의 최측근 비리가 연이어 발생한 가운데, 전교조 출신인 박종훈 경남교육감의 친인척과 측근 인사가 납품비리로 구속돼 파장이 일고 있다.

NewDaily

서울 경기 인천 경남…'진보교육감' 측근 줄줄이 구속

교총 "시도지사 보다 선거비용 많이 풀어…직선제 폐지해야"

강유화 기자입력 2016-10-13 10:01 | 수정 2016-10-13 17:10

창원지검 마산지청은 지난달 28일, 박종훈 경남교육감의 이종사촌동생인 진모(54)씨와 박 교육감의 선거 외곽조직으로 알려진 일출산악회 총무 한모(46) 씨를 변호사법 위반 혐의로 구속했다.

이들은 창원교육지원청 등이 발주한 학교 안전물품 납품 사업과 관련, 지난 해 4월부터 10월까지 관련 기업 A사 및 B사 대표로부터 "납품을 할 수 있게 도와달라"는 청탁과 함께, 4천여 만 원의 뒷돈을 받은 혐의를 받고 있다.

검찰은 진 씨와 한 씨가 납품업체로부터 청탁을 받은 직후, 일선학교 10여 곳에 이들 업체가 생산하는 안전 창틀 및 난간대가 실제 납품된 것으로 보고 있다.

진 씨와 한 씨는 학교의 안전물품 납품 청탁 명목으로, LED 제조업체 대표로부터 액면가 1천 500만 원 상당의 주식을 받은 혐의도 받고 있다.

검찰은 2014년 박종훈 교육감 선거캠프에서 사무장을 맡았던 박모 전 경남교육포럼 대표도 수사선상에 올렸다. 박 씨는 이미 비리와 관련돼 검찰의 조사를 받은 것으로 알려졌다. '경남교육포럼'은 2004년 박 교육감이 설립한 사단법인이다.

박 교육감 측근 비리가 보도된 직후, 현장 교사들은 "청렴도만큼은 직접 챙기겠다고 했던 박 교육감의 약속이 공염불에 불과했다"며, 철저한 수사를 통해 비리를 척결해야 한다고 목소리를 높이고 있다.

한국교원단체총연합회와 경남교원단체총연합회는 13일 성명을 통해 "연이은 교육감 측근들의 비리사건이 전체 교육계의 명예를 떨어뜨리고 있다.

검찰은 철저한 수사를 통해 혐의가 사실로 밝혀진다면 일벌백계해야 한다. 경남교육청도 적극적인 수사 협조를 통해 진위 여부를 명백히 밝혀야 한다"고 말했다.

측근 비리로 망신살이 뻗친 교육감은 경남만이 아니다. 수도권 3개 시도교육감이 약속이나 한 듯, 같은 혐의로 체면을 구겼다.

지난해 이재정 경기교육감의 비서실장이었던 정모 씨는 납품업체로부터 5천만 원의 뒷돈을 받은 혐의로 실형을 선고받았다.

이청연 인천교육감의 경우 측근 2명과 인천교육청 3급 간부·공무원 등 3명이, 학교의 신축·이전사업과 관련해 건설업체로부터 금품을 받은 혐의로 구속 기소됐다.

최근에는 조희연 서울교육감의 최측근이었던 조현우 전 비서실장이, 재임 중 교육청 발주사업과 관련해 편의를 봐주는 대가로, 업체로부터 수천만원의 뇌물을 받은 혐의로 검찰 수사를 받았다.

서울동부지법은 "범죄 혐의가 소명됐고 증거 인멸의 우려가 있다"며 검찰이 청구한 구속영장을 발부했다.

교총은 속칭 진보교육감들의 주변에서 뇌물 사건이 잇따라 터지자, 차제에 교육감 직선제 자체를 폐지해야 한다고 주장했다.

주민들의 직접 투표를 통해 교육감을 선출하는 직선제 방식이, 교육감 측근비리의 근본 원인을 제공하고 있다는 것이 교총의 판단이다.

교총은 "자기통제와 검증이 부족한 무소불위의 교육감 권한과, 시·도 지사보다 더 많은 비용이 드는 선거제도로 인해, (그 측근들이) 선거 전후 비리의 유혹에 쉽게 넘어가는 구조가 만들어졌다"고 분석했다.

교총에 따르면 2014년 6. 4 지방선거에서 교육감 후보 1인 당 선거비용은 10억 40만 원이었다. 같은 선거에서 시·도 지사 후보 1인의 평균 선거비용이 7억 6,300만 원이었던 것에 비해 30%가량 많은 수준이다.

측근 비리가 발생한 경남교육감의 선거비용은 17억 2천만 원, 서울교육감은 35억 원, 경기도 교육감은 29억 원으로 집계됐다.

교총은 "교육의 전문성과 교육감으로서의 교육철학보다는 정치적 이념과 진영논리에 매몰될 수밖에 없는 교육감직 선제를 전면 개편해야 한다"고 강조했다.

교총은 "교육감직선제 개편만이 선거과정에서 필연적으로 발생할 수밖에 없는 비리를 해소할 수 있다. 헌법이 보장 하고 있는 교육의 중립성과 전문성을 구현하기 위해서라 도 직선제 폐지가 필요하다"고 했다.

이재정 경기교육감 비서실장이 비리혐의로 검찰에 체포된 것과 관련, 한국교총은 22일 "막강한 권한을 가진 직선 교육감 비서실장의 비리를 감시할 장치가 사실상 전무한, 교육감 직선제의 한계 때문"이라며 교육감 직선제 폐지의 당위성을 강조했다.

NewDaily

이재정 비서실장 '수뢰혐의' 체포, 원인은 '교육감직선제'

"자기사람 심기·보은 인사, 자정능력 기대하기 힘들어"

유경표 기자입력 2014-10-23 15:04 | 수정 2014-10-23 19:55

교총은 이날 성명을 통해 "직선제교육감제 아래서 투명성과 건전성을 담보하기 어려운 측근 중심 교육청 운영이 빚어낸 결과"라며 이같이 밝혔다.

특히 교총은 "교육감 비서실장이 교육청 추진사업 과정상에서 저지른 비리에 주목한다"면서 **"직선 교육감들의 자기사람 심기 및 보은 인사로, 자정능력이 저하될 수 밖에 없다."**며 구조적인 문제점을 지적했다.

그러면서 지난 2010년 지방선거로 당선된 직선제 교육감들의 추태를 예로 들었다.

같은 해 당선된 곽노현 전 서울교육감은 금품을 주고 후보를 매수한 혐의로 대법원에서 실형 확정판결을 받아 당선 자체가 무효됐다.

나근형 전 인천교육감 역시 뇌물성 금품수수 혐의로 역시 실형 판결을 받았다.

충남에서 일어난 장학사 비리도 직선교육감 체제에서 발생했다.

이에 대해 교총은 "직선교육감제 아래서는 막대한 선거비용 지출과 다음 선거를 위한 비용 마련이라는 유혹이 상존해, 언제든 비리가 발생할 수 있다"고 지적했다.

나아가 교총은 출마자의 교육전문성과 교육철학에 대한 평가보다 ▲진영논리 ▲진영 내의 후보단일화 여부 ▲선거조직 ▲인력동원 역량 ▲지명도 등 정치공학적 요소가 당선을 좌우하는 현행 교육감 직선제를 폐지·개선해야 한다고 거듭 강조했다.

앞서 서울중앙지검 특수4부(배종혁 부장검사)는, 21일 이재정 경기교육감 비서실장 정모 사무관(43)을 특정범죄가중처벌법상 뇌물혐의로 체포했다.

검찰은 정 사무관이 지난 2012년 12월부터 올해 초까지, 태양광 발전시설 설치사업과 교육용 소프트웨어 납품업체로부터 편의를 봐주는 대가로, 6,000여만 원 상당의 뇌물을 수수한 것으로 보고 있다.

교총은 "검찰은 일단 개인비리로 보지만 비서실장이 받은 것으로 보이는 돈의 윗선 전달 여부를 수사 중인 것으로 알려졌다"며, 이재정 교육감에 대한 수사 확대 가능성도 배제할 수 없다고 밝혔다.

이재정 교육감 비서실장에 대한 체포는 전격적으로 이뤄

졌다.

특히 경기도교육청이 국제투명성기구 한국본부인 (사)한
국투명성기구와 '반부패·청렴활동 협력을 위한 업무협약'
을 체결한 지 하루 만에, 현직 교육감 비서실장이 수뢰혐
의로 체포돼, 전날 행사의 취지를 무색케했다.

교총은 "이 사건으로 이재정 교육감의 비리척결 의지가
'공염불'이 됐다"며, "9시 등교제 등 자신의 공약 추진에만
몰두한 나머지 정작 최측근에 대한 관리감독은 등한시 한
것 아니냐"고 꼬집었다.

앞서 교총은 "교육감 직선제가 헌법이 규정한 교육의 자주
성·전문성·정치적 중립성을 훼손한다"며 헌법재판소에 교
육감 직선제 위헌 소송을 냈다.

문화일보

[사회]

돈 주고 장학사 시험 합격한 교사 무려 18명

충남 장학사들 수억 원대 문제지 장사

김창희 기자/ 게재 일자 : 2013년 02월 14일(木)

충남도교육청 교육전문직 선발시험 문제 유출 사건과 관련, 돈을 주고 장학사 시험에 합격한 교사가 18명에 이르고 장학사들이 '문제지 장사'를 통해 뇌물로 거둬들인 돈의 총액이 2억 6000여만 원에 달하는 것으로 드러났다.

또 문제 유출은 교육청 인사 및 감사 담당 핵심 장학사들과 출제위원이 결탁해 벌인 일로 밝혀졌다.

이 사건을 수사하는 충남지방경찰청 수사과는 충남도교

육청 소속 인사 담당 장학사 A(52) 씨와 감사 담당 장학사 B(50) 씨 등 2명에 대해 장학사 시험 문제 유출을 주도한 혐의(뇌물 수수 및 위계에 의한 공무집행 방해 등)로 구속영장을 신청했다고 14일 밝혔다.

이들에 대한 구속영장 발부 여부는 이날 밤늦게 결정될 예정이다.

경찰에 따르면 이들은 이미 구속된 충남의 한 교육지원청 소속 장학사 C(47) 씨와 함께 지난해 치러진 제24기 장학사 선발시험에 앞서 응시 교사 18명(중등 분야 16명, 초등 분야 2명)으로부터 1인당 1000만~3000만 원을 받고 시험 문제를 전달한 혐의를 받고 있다.

경찰 조사 결과 이들은 자신들이 미리 만들어 놓은 시험 문제를 응시자들에게 전달한 뒤 나중에 범행에 끌어들인 시험문제 출제위원(논술 2명, 면접 2명)을 통해 해당 문제가 실제로 시험에 출제되도록 유도한 것으로 밝혀졌다. A 씨 등은 장학사 시험을 준비하는 교사 중 친구와 옛 동료 교사 등을 선정 기준으로 정하고 지난해 6월을 전후해 대상자를 물색했던 것으로 드러났다.

문제 유출 대가는 1인당 1000만~3000만 원이 건네졌다. 이들은 논술시험이 면제되는 교사로부터는 1000만 원을, 인지도가 높고 경력이 있는 교사로부터는 2000만 원을, 그렇지 않은 교사에 대해선 3000만 원을 각각 받는 등 시험문제 유출 대가를 교사별로 차등해 적용한 것으로 나타났다.

이들은 또 범행 과정에서 휴대전화 2~3대에 10여 개의 유심칩을 갈아 끼우는 등 통화 사실을 숨기기 위해 지능적인 수법을 사용한 것으로 드러났다.

경찰은 또 이날 C 씨가 돈을 주고 시험에 합격한 교사를 차안에서 만나 수사대응 요령을 지시하는 차량 블랙박스 동영상을 공개했다.

C 씨는 해당 교사에게 "(수사가) 힘들어도 끝까지 인정하지

마라", "(진술을) 몰아붙이면 강압수사로 수사관 교체를 요청하라" 등 구체적인 대응방안을 지시하는가 하면 "요즘 경찰과 검찰 사이가 좋지 않다"는 등의 말로 교사를 안심시키려 한 것으로 나타났다.

조대현 충남경찰청 수사2계장은 "중등 분야뿐만 아니라 초등 분야 장학사 시험에서도 문제 유출 정황을 포착했다"며 "현재까지 드러난 인사들 외에 추가로 범행에 개입한 교육청 관계자가 있는지를 밝히는 데 수사력을 집중하고 있다"고 밝혔다.

공개입찰 20억인데, 60억에 베트남 마스크 '수의계약'... 괴이한 서울시교육청

마스크 수출입 실적 없는 정직원 4명인 컴퓨터 부품사와 규정 어기고 계약... 정경희 "감사 청구"

김현지 기자입력 2020-10-26 17:55

서울시교육청 등이 교육부가 지원한 우한코로나(코로나19) 방역물품 관련 예산을 안전성도 확보되지 않은 마스크 구입에 사용했다는 지적이 나왔다.

특히 서울시교육청은 관련법상 수의계약 한도가 1억 원임에도 60억 원에 마스크 구매 계약했다.

야당은 일부 교육청의 방역물품 구매 과정에서 수십억원에 이르는 부적절한 예산 낭비가 있었다며 감사원에 감사를 청구하겠다고 밝혔다.

베트남산 마스크 40억 더 주고 구입한 서울시교육청

국회 교육위원회 소속 정경희 국민의힘 의원은 26일 교육부 등을 대상으로 한 종합국정감사에서 "코로나19 확산으로 상황이 긴급했던(상반기) 학기 초, 17개 시·도교육청은 '물품 조달의 긴급성'을 이유로 교육부로부터 교부받은 예산을 검증도 안 된 업체들과 수상한 수의계약을 맺었다"고 지적했다.

교육청 구매물품들의 안전성이 확보되지 않았거나 방역기능을 할 수 없는 제품들이라는 것이 정 의원의 설명이다.

정 의원은 대표적 비리의혹 사례로 서울시교육청의 마스크 수의계약 등을 거론했다. 정 의원에 따르면, 서울시교육청은 지난 3월 26일 방역물품업체선정위원회를 열고 A사 마스크 240만 장 구매를 확정했다. 60억 원어치 물량이었다. 공고기간은 3월 20~23일로, 이 중 21~22일은 주말이었다.

A사 제품은 안전성 검사도 거치지 않은 베트남산 마스크였고, 공개입찰이 아닌 수의계약으로 선정됐다.

A사는 베트남산 면마스크를 구입하고, 이 마스크에 국내 업체로부터 사들인 필터를 끼워 교육청에 납품했다.

이 업체는 입찰 당시 나노필터를 쓰겠다고 했지만 중간에 일반 필터로 교체했다. A사 마스크를 대상으로 한 안전성 검사는 계약 체결 뒤인 5월 6~14일 진행됐다.

반면 서울시교육청이 비슷한 시기 조달청을 통해 확보한 마스크는 220만 장이다.

약 20억 원의 예산을 투입해 구매한 것이다. A사 마스크 구매비용과 40억 원 차이가 난다. 조달청의 경쟁입찰을 통해 마스크 투입 예산을 낮출 수 있었음에도 A사와 수의계약해 40억 원 가량을 낭비한 셈이다.

정직원이 4명 뿐인 A사는 당초 컴퓨터 부품 제조업체로 알려졌다. 마스크 수입·수출 실적은 없는 곳이었다.

정부는 지난 4월 28일 국무회의에서 코로나19 대응을 위해 물품 등 구매를 위한 수의계약 한도를 2배 상향하는 '국가계약법 시행령 일부개정안'을 의결했다.

이에 따라 마스크 구매를 위한 수의계약 한도가 기존 5000만 원에서 1억 원으로 상향조정됐지만, 서울시교육청은 이를 무시하고 60억 원대 수의계약을 체결한 것이다.

서울시교육청 관계자는 "원래 (60억 원어치의 마스크 계약은) 금액 제한 때문에 수의계약이 안 되는 것으로 알았으나, 당시 코로나 상황이어서 지방계약법 시행령 25조 1항 2호 등을 근거로 수의계약을 체결했다"고 해명했다.

정경희 "마스크 예산 낭비, 감사원 감사 청구할 것"

전북교육청의 '열화상카메라' 구매도 혈세 낭비 사례로 거론됐다. 전북교육청은 B사와 열화상카메라 154대(10억 원어치) 구매계약을 3월 18일 완료했다.

이 업체의 카메라는 '산업용'이어서 정확도가 떨어져, 방역을 목적으로 사람 체온을 측정하는 데는 부적합하다는 것이 정 의원 설명이다.

전북교육청 역시 B사와 수의계약했다. 이 업체는 계약 일주일 전인 3월 10일 사업자등록을 마친 '신생업체'였다.

정 의원은 "국정감사를 진행하면서 코로나19 위기를 틈타 저질러진 각종 위법적 정책과 비리의혹을 발견했다"며 "대표적인 것이 (앞서 언급한) '방역물품 구매를 둘러싼 비리의혹', 그리고 법적 근거도 없이 남원에 공공의대 설립을 기정사실화하고 부지 매입을 지시하는 등 문재인 정권의 무법·초법적 만행이 드러난 '공공의대 게이트'"라고 강조했다.

"서울시교육청의 마스크와 전북교육청의 열화상카메라는

말 그대로 '빙산의 일각'에 불과하다"고 지적한 정 의원은 "코로나19라는 유례 없는 국가적 위기를 틈타 국민 혈세를 눈먼 돈처럼 낭비하는 일을 결코 그냥 넘길 수 없는 만큼, 방역물품 구매 비리의혹과 관련해 감사원 감사를 청구하고 그 결과에 따라 고발조치하겠다"고 예고했다.

문재인 정권의 사학 죽이기

지은이 | 홍택정
만든이 | 하경숙
만든곳 | 글마당

책임 편집디자인 | 정다희

(등록 제2008-000048호)

만든 날 | 2022년 4월 25일
펴낸 날 | 2022년 5월 10일

주소 | 서울시 송파구 송파대로 28길 32

전화 | 02. 451. 1227
팩스 | 02. 6280. 0077

홈페이지 | www.gulmadang.com
이메일 | vincent@gulmadang.com

ISBN 979-11-90244-30-5(03300)   값 15,000원